JN125299

「情熱」の教え方

龍谷大平安・原田流
「がんばれる人」を育てるために大切なこと

龍谷大学付属平安高等学校
硬式野球部 監督
原田英彦

日本実業出版社

はじめに

２０２３年3月21日、第95回選抜野球大会において、４年ぶり42度目のセンバツ出場を決めていた平安は、初戦の長崎日大に４対３で勝利し、春夏合わせて甲子園１０４勝目を挙げました。試合終了後に一塁側のベンチ前に整列し、センターのバックスクリーン後方に母校の校旗が掲げられたのを見つつ、場内を校歌が流れると、

「やっぱりここで聞く校歌はええな」

と私は喜びをかみしめていました。

しかし、続く仙台育英戦では、相手バッテリーの術中にはまってしまい、７回まで二塁すら踏むことができずに防戦一方。結果は１対６の完敗でした。相手は昨年夏の全国制覇をした優勝候補でしたから、試合前から苦戦は覚悟の上でしたが、相手が一枚も二枚も上手でした。

「相手がすべてにおいて上でした。夏、また出直してきます」

敗戦後の共同インタビューで記者を前に語った、私の偽らざる本音です。甲子園は出場するたびに毎回違った課題を突きつけられ、帰路に就きます。

チャンスの場面でクリーンナップが打てなかった――。
味方の守備の綻びから相手に得点の機会を与えてしまった――。
味方のバッテリーが相手打者の裏をかこうとしたところを、配球をことごとく読まれてしまい痛打された――。

このように、負けるときの典型的なパターンがありますが、こうしたことはしょっちゅう試合のなかで起こります。こうした失敗を課題ととらえて、私たちは甲子園から帰ってきた翌日から、新たな気持ちで練習をスタートさせるのです。

私は積極的にトライして起きてしまった失敗には声を荒げるようなことはしません。何がダメだったのかをきちんと反省し、また新たな気持ちで日々の練習に取り組み、技術不足を補っていく。そうして2ヵ月、3ヵ月と自分自身を追い込んで鍛えぬいた結果、さらなる進化を遂げてくれればいい――そう考えているのです。

けれども消極的な逃げの姿勢であったり、小手先だけのテクニックで難局を乗り越えようとしたりする失敗があれば、選手たちを叱ります。同じ失敗をするのでも、逃げの姿勢から生まれる失敗は、「アイツらビビっていたで」と思われるだけでなく、今後も同じ相手と対戦したとき、心理的優位に立たれてしまうからです。

そうしたときには得てして相手が勝利をつかむ可能性が高い。それならば、思い切って正々堂々と勝負を挑んで失敗したほうが、後々プラスにつながることが多いのです。このことを高校生である彼らの戦い方から学び取ることができたことは、今でも私の監督人生において大きな財産となっています。

ふと気づけば、私自身は平安野球部の監督に就任してから30年以上の月日が流れました。毎年、意気揚々とした表情で野球部に入部してくる部員たちを見ていると、私も「鍛えてやらなアカン」と指導に熱が入ります。同時に、「昔は許された指導」と「令和の今の時代では許されない指導」とに目を向けなければいけないと、常日頃からアンテナを張り巡らせています。

この1年だけでも、近畿のいくつかの強豪校で監督による不祥事が起こりました。監督が選手に手を上げることは、今の時代はもってのほかです。理由はどうであれ、選手に手を上げた時点で、その指導者は言葉による己の説明能力不足を認めなくてはいけません。

ただし、「叱る」ことは止めてはいけません。「昔の指導法はダメだ」という点を誤解して、叱ることもせずに伸び伸び育てることを良しとする風潮が世間にはありますが、私は「それは違う」と声を大にして言いたいのです。

考えてもみてください。やっていいことと悪いことの違いを知らずに学生時代を過ごして、いざ社会人になって恥をかいたり呆れられたりするのはほかならぬ子どもたちです。「教えられてきていないから知りませんでした」というのは、大人の世界では通用しません。

私自身、今の世のなかで起きていることを知るためにも、ニュースはよく見るほうですが、昔では考えられないような事件や騒動が、若い人たちが起点となって発生していることに気づかされます。彼らの言い分を聞いてみると、「こんな大事になるとは思わなかった」と言うのですが言語道断です。もちろん責任は事件を起こした当の本人にありますが、そうしたことを教えてあげなかった親も含めた周りの大人にも責任があると思っているのです。

平成の末期から令和の今にかけて、監督として選手たちを見続けていて、最も気づかされことは「考え方の視野の狭さ、稚拙さ」についてです。私自身、選手たちに対して「こんなことも注意せなあかんのか……」と思うことも一度や二度ではありません。

それでも注意するところはする。叱るところはきちんと叱る。そのとき大切なのが、「選手たちをよく見てあげること」です。今の選手たちは、幼少の頃から親に大事に育てられてきました。「親は叱らないのは当たり前」というのと同時に、「親は見守ってくれるのは当たり前」という意識が、彼らの心のなかのどこかに必ずあるものです。けれども高校はそうはいかない部分もあります。1学年に20人から30人、3学年で合わせて100人近い部員がいる世界では、指導者が平等に見てあげることはなかなかできないものです。それでも私は、選手をできるだけ平等に、毎日の生活のなかで表情に変化がないか、見続けなければいけないと考えています。

選手は我々が考えている以上に、指導者が自分をどう見ているのか、あるいはどう評価しているのかを気にしているものです。そうした考えを知らずに、指導者が一人ひとりの選手のことをよく見てあげないようでは、「オレは監督から評価されていないんだ」と一方的に判断してしまうのが、今どきの選手が持ち合わせている気質です。それだけに今の高校野球の監督は、昔に比べてやらなければならないことが多くなった時代でもあると言えるでしょう。

今の若い監督たちは現場で試行錯誤しながら相当がんばっています。「あれはダメ、これもダメ」といくつもの制約があるなか、自分の指導のノウハウを構築しようと必死に勉強している姿勢には、私も頭が下がる思いです。

今年4月、私の教え子たちも高校や社会人野球で監督に就任しました。山梨学院が山梨県勢初となる選抜優勝を遂げた4月1日、兵庫の滝川第二で服部大輔が監督人生をスタートさせました。2003年の春夏の甲子園に出場し、夏は3回戦で東北と対戦。当時2年生ながらエースを任されていたダルビッシュ有投手（現・サンディエゴ・パドレス）と熾烈な投手戦を繰り広げ、延長11回0対1でサヨナラ負けを喫しました。その服部が、縁もゆかりもない滝川第二の硬式野球部の監督に赴任しました。昨年の夏、前任の監督が選手への暴言で解任されたうえ、OB以外の監督就任は初めてだと聞いています。根気と我慢を重ねて監督業に励んでもらいたいと思います。

社会人野球では、愛知県名古屋市に本拠地を構えるJR東海の井上裕貴です。身長が173センチと野球選手としては決して大柄とは言えない体ですが、とにかくがんばり屋でした。彼の自宅は大阪の枚方だったのですが、練習を終えて帰宅してから深夜1時から2時くらいまでバットを振っていた。1日4時間も睡眠をとらない生活が続いたために体を壊したこともありましたが、高校時代は誰よりも練習をする子でした。

「自分はチームのなかで一番の下手くそなんです。練習してようやくみんなに追いつけるかどうかのレベルですから毎日必死なんです」

というのが彼の口ぐせでした。そうして毎日、グラウンドで泥だらけになって練習を積み重ねてきた結果、近畿大学、そしてJR東海と実績を残すことができ、晴れて23年4月から監督に就任したのです。手前味噌になってしまいますが、彼が「技術力と人間力を向上させる」と言っていること、守備力を高めるために股関節を強化するトレーニングを取り入れたことなどは、まさに私が口にしていたことでした。

彼らには1年、いや1日でも長く、現場で指揮を執り続けることのできる指導者になってほしいと願っています。

高校野球は年々変化を遂げています。選手の体調を考慮した球数制限や大会を勝ち進んでいくにつれ休養日を設けるなど、昔にはなかった取り決めのなかで運営が行なわれています。変わりゆく時代においても、変えてはいけないこと、それが指導法にあるというわけです。

しかし、常に選手たち一人ひとりの顔を見続けて、叱るときは叱り、しっかりフォローをして、うまくいけばほめてあげる。そうするなかで、いつの間にか選手たちの自主的なやる気が芽生え、熱い気持ちになっていく——それが指導の醍醐味だと私は感じているのです。

本書は私が考えている「今どきの選手の育て方」のノウハウについて、みなさんにお伝えしていきます。何か一つでも参考にしていただける部分があれば、これに勝る喜びはありません。

2023年6月

龍谷大学付属平安高等学校　硬式野球部監督　原田英彦

※「龍谷大学付属平安高等学校」を、改称前を含めて「平安」と本書では表現します。

「情熱」の教え方　目次

第2章 愛情をもって指導する

第3章 選手の育成に大切なこと

第4章 今どきの子どもの育て方

第5章 守るべきもの、変えていくもの

最終章　指導者が持つべき信念

おわりに　人生に野球の心を

企画・構成　小山宣宏（ベストセラー・プロデュース）
カバーデザイン　トサカデザイン（戸倉巌、小酒保子）
本文デザイン　浅井寛子
協力　渡邊敦子（D3Works）
写真　上野裕二

第1章

リーダーの務めとは何か

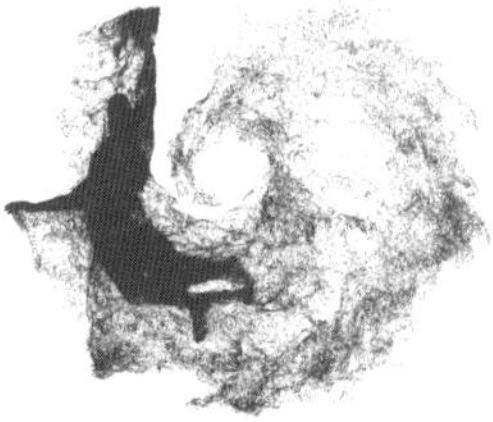

厳しい環境に身を置くことで得られるもの、それは「ちょっとした変化に気づくこと」である

厳しい環境に身を置くこと――。令和の今の時代は何かと否定されることが多いですが、あえて言わせていただければそうした環境こそ「学べる」ことはあります。私の場合は「周囲に目配りができるようになったこと」でした。

なぜ厳しい環境が野球に役立つのか

私が部員として在籍していた頃の平安野球部の規律は、厳しいものばかりでした。今の時代でしたらどれも「アウト」の宣告がされてもおかしくないものばかり。それでも私は、当時の厳しかった環境には感謝しているのです。

具体的には52ページのコラム01をお読みいただけるとわかると思いますが、そんな環境下で私は先輩から何か言われる前に動くようにしていました。

一例を挙げると食事のとき。私は食事をしている際には、どの先輩のお茶碗が空っぽになっているのか、常に目配せしていました。そうして空いたお茶碗を見つけると、「先輩、ご飯をよそいましょうか?」と声をかける。このとき「頼む」と言われることもあれば、「いや、もういらんわ」と言われることもありますが、いずれにしても先輩からは「コイツは気のつくヤツやな」と思われていたことだけは間違いありません。

洗濯物にしたってそうです。ユニフォームを洗って乾かしたら、帽子、アンダーシャツ、上下のユニフォーム、アンダーソックス、ストッキングの順に個別に分けて畳んでおく。上下関係の緩やかな高校で野球をやっていた選手は、意外とこれができないのです。私は率先して先輩のユニフォームを洗濯していましたが、誰からも文句を言われたことがありませんでした。なぜなら一人ひとりの先輩の洗濯物を完璧な状態で畳んでおいたからです。

それではこうしたことがどう野球に役立つのか。私は相手チームの特徴を見つけたり、その日のグラウンドのコンディションをつかんだりすることに役立っていると思っています。

たとえば、相手の先発投手の特徴をいち早く見つける。ストレートの速さはどのくらいで、変化球は何種類くらいあるのか――。こうしたことを発見することが、チームを勝利に導くことに直結していることは間違いありません。

一球で局面が変わる野球だからこそ

さらに進んでいくと、相手捕手の配球の特徴についても何か発見することがないかを観察する。どのカウントになったら変化球を要求するのか、あるいは追い込んだらどの球種で勝負するのかなど、相手バッテリーの傾向をつかむことで打開策を見出すことだってできるのです。

試合を行なうグラウンドのコンディションを知ることも大切です。

晴れた日が続いたなかでの試合であれば内野の土はどのくらい堅いのか――。
前日に雨が降っていればボールの弾み具合はどの程度なのか――。
芝生のコンディションはいいのか悪いのか――。
風はどちらの方角からどちらに向かって吹いているのか――。
太陽はどの方角にあるのか――。

こうした事柄を踏まえて守備につけば、打球がグラウンド上で跳ねた場合、どんな打球が転がっていくのか、どの方向の打球が伸びるのか、太陽によって死角になる位置はどのポジションなのかが如実にわかります。

　野球は一球で局面が変わることが多く、何でもない打球をエラーしたり、打球の処理にまごついている間にピンチに陥ってしまうなんてことも珍しくありません。そうした状況を作らせないためにも、相手やグラウンドの特徴を知る。そうしたスキルを身につけることができたのは、厳しい環境に自分自身を置いて鍛えたからです。

　昔の厳しさを「今の時代には合わない」と判断するのはたしかにそうでしょう。けれども「昔の厳しさから何を学んだのか」ということを考えてみるのも、人を成長させるうえで必要なことかもしれないと私は考えているのです。

「原田の眼」

厳しい環境下で観察眼が養われる

「信念を持つこと」は、指導者に必要なスキルの一つである

やる気の見えない選手と対峙したとき、指導者に必要なものは何か。私は「信念を持つこと」だと思っています。

勝てなくて当たり前だった就任当時の状況

低迷する組織には、必ずと言っていいほど低迷する理由があります。私が平安野球部の監督を引き受けると決めた翌1993年の5月。当時の野球部員を見て即座に感じたのは、「平安野球部というブランドに甘えている」ということでした。1927年夏の甲子園に初めて出場して以降、甲子園では38年、51年、56年の三度の夏の優勝、28年、33年、36年の三度の夏の準優勝に輝いた、伝統あるチームの一員である――。先輩方が築いたかつての栄光にあぐらをかいているだけの部員が、当時はゴロゴロいたのです。

グラウンドでウォーミングアップをする際、声が出ていないうえに、やる気が感じられない。目の前にいる彼らはハキハキ、キビキビとした動きとはほど遠いところにいました。３年生は何かにつけて「さぼることや妥協することは当たり前」という状況でした。


あるとき、私は選手全員にウォーミングアップで「学校周辺を5周走りなさい」と言いました。平安の周辺には後に系列となった龍谷大学、観光名所にもなっている西本願寺が連なっています。この辺りを5周走りなさいと伝えたのです。

すると3年生から、「えっ、5周ですか?」という声が飛んできました。私はすぐさま、「そうや。オレが現役のときは10周走るのが当たり前やったで」と返したのですが、彼らから驚くべき答えが返ってきたのです。

「平安野球部に入ってから、本気で5周も走ったことなんて一度もありませんよ」

「なんやと!?」

私は言葉を失いました。同時になぜ平安が甲子園出場できずにいたのかも理解するには十分でした。

「こりゃあ想像以上に重症やな」

そう思いつつも彼らには毎日、ウォーミングアップのときに学校周辺を5周走らせるようにしました。タイムはいったん度外視して、きちんと然るべきコースを走らせよう――。そう思いきや、数日してから学校関係者からこんなことを言われたのです。

「原田監督、野球部員はいつから西本願寺のなかを走るようにさせたのですか？」

「はあ⁉　なんですって」

私は耳を疑いました。聞けば3年生の選手たちは誰一人として私が指示したコースをきちんと走っておらず、ショートカットして少しでも短い距離を走って手を抜こうとしていたのです。野球の技術以前に、野球に対する心構えや、「なぜこうした練習をしなければいけないのか」という説明から入らなければならないという事態に、少なからずショックを受けていました。

それだけではありません。学校の授業が終わって、グラウンドまでの移動のバスのなかでは、スナック菓子や糖分がたっぷり入った炭酸飲料を飲み食いするのは当たり前。コンディション管理もままならない彼らを見て、「これは勝てなくて当然だわ」と妙な納得をしてしまいました。

一方で肝心の野球の実力はというと、そこそこの力はありました。ただ、「サボり癖」が身に染みているせいか、練習が始まった途端に、「どうにかして妥協するチャンスを見つけようとしている」と私の目には見えたのです。

一例を挙げると、練習中の彼らが必ずと言っていいほど私の姿を探していたことです。監督である私がいればサボらないし、サボれないと見ている。もしも私の姿がグラウンドにないことがわかったら、その瞬間にサボり始める……という具合に、私の存在そのものが、「練習をサボるためのバロメーター」となっていたことに気づきました。

ただ、こうなったのも彼らだけの責任ではありません。

彼らを見ていて感じたのは、「サボり癖が習慣化されてしまうと、それを正すのは容易ではない」ということでした。私がどんなに厳しい練習を課しても、彼らは「こんな練習もうやりたくないよ」と泣き言を言っては、次の瞬間、「さあどうやってサボろうか」と考えてしまう。私がどんなに正論を振りかざしても、彼らにとってはまさに暖簾《のれん》に腕押しでしかなかったのです。

「甲子園に出場できなかったから」という理由で、わずか数年で監督が替わっているようでは、選手間の規律も緩くなりがちです。そのうえ目の前にいる監督も、いつ辞めるかわからないから、どうしても下に見てしまうことだってあり得る。そう考えると、選手だけでなく、野球部ＯＢを含めた大人にも責任があるのです。

徹底した二つの指導

それだけに監督は、「信念を持って指導にあたる」ことが肝心だと思っています。このとき監督が持つべき信念とは、選手に対して懇切丁寧に技術指導を行なうことではありません。

「あれはダメ、これもダメと『ダメなものはダメ』ときちんと伝えること」

「監督としての私の野球観をしっかり選手に話して浸透させること」

この二つを重点的に行ないました。

もちろんそれで私の考えが浸透するのかと言えば、事はそう簡単ではありません。事実、このとき私が指導した3年生は、それまでの2年間、ぬるま湯にずっと浸かっていたので、いくら厳しく注意したところで急に変われるものではありません。

「このオッサン、オレらにいろいろ話しているけど、あと2ヵ月我慢すればお別れや」

そんな態度も3年生部員から見てとれましたが、私は自分の考えを愚直なまでに彼らに伝え続けました。すると、2年生、1年生部員が少しずつ、私の話に耳を貸すようになってきたのです。妥協することが当たり前になってしまった3年生に比べ、「今の状況はよくない。どうにかして打開してよりよい方向に向かいたい」という意思が見てとれたのです。

結局、この世代は夏の京都予選ではベスト16まで進出。そこで南京都（現・京都廣学館）に5対6で敗れたのですが、「いいものはいい、ダメなものはダメ」ということをきちんと伝え、私の野球観を3年生を含めた選手全員に話して浸透させることを信念を持って続けました。すると、彼らの一つ、二つ下の学年が私の指導を受け入れてくれるようになり、平安野球部が少しずつですがよい方向に向かい出したのです。

選手に自分の考えを伝え続けるには根気がいります。思うような成果が残せなければ、ともすれば投げやりになってしまうことだってあるかもしれません。けれども、「これは絶対に伝え続けなければならない」という信念があれば、根気強く伝え続けることができますし、やがて成果として表れるということを、私はこのとき身をもって体験したのです。

「原田の眼」

根気強く伝え続ける

罵声は「期待の裏返し」

罵声を糧にする――。難しいことのようですが、私は「罵声の裏にある本音」さえわかっていれば、どんなに辛辣な声であっても闘志に変えることができると思っています。そのことを教わったのは、古くから平安を応援している人たちでした。

罵声を浴びなかったことで感じた衝撃

平安には熱心なファンがいます。勝てば喜び、負ければ落ち込んでくれる……のであればいいのですが、実際はそれだけでは済まず、「負けたときには怒って、その不満を監督にぶつけてくる」という人もいるのが平安のファンなのです。

私の高校時代もそうでした。私の高校時代は甲子園に京都商業が出場していました。私の代も3回戦でやはり京都商業に負けて涙を飲んだのですが、問題は試合が終わったあとの球場でのことでした。私たちが乗ったバスに、一部のファンが乗り込んできて、

「西村、降りいや〜！」

「こんなところで何負けとんねん！　何を教えとんじゃボケ！　ここで土下座せえ！」

と言って、当時の監督を引きずり下ろしてしまったのです。その光景を見た私はもちろんのこと、他の部員たちの顔も青ざめていました。

それだけではありません。よくよく見てみると、かぶっている帽子には「H」の文字が手書きで書かれているのです。こう聞くと、過激すぎるファンだと顔をしかめる人もいるかもしれませんが、私は違いました。熱心に応援してくれればくれるほど、どギツイ声に変わると思って好意的に見ていたのです。


ところが、私が平安の監督に就任した翌年の94年の夏、京都予選の4回戦で南京都に4対5で敗退すると、平安のファンから飛んできたのは、こんな声援でした。

「来年も応援しているからな。がんばりや」

ショックでした。私の心のなかでは、「平安、終わっとるやないか」でした。

当時の平安はまさに低迷期と呼べる時期でしたが、負けた瞬間、「球場からまともに出られないな」と覚悟をしていた私にしてみたら、拍子抜けどころか「あまり期待されていないな」という空気感を肌で感じてしまったのです。つまり、温かい声で励まされるということは、「今の平安は勝負強くない」と見られていたのです。

「アンタたちも必ず甲子園に連れていったるからな」

ところが、1年後の95年、夏の京都予選の2回戦で南京都に敗退した直後、平安の当時の野球部長が血相を変えて私のところに来ました。

「ファンが騒いどる。『監督を出せ』と言うとるようだから、球場の裏口から出ていかれますか？」

「おっ、まだそんなファンがおったのか」と思った私は、なんだかうれしくなってしまいました。つまり、ファンは「今の平安なら勝てるはずなのに、それでも負けてしまった。こうなったのは監督が悪いからや！」と見てくれていると考えたからです。

私はあえて球場の正面から堂々と出て、平安ファンの前に出ていきました。すると、すぐさまこんな声が飛んできたのです。

「おい監督、お前のことや！　てか、お前しかおらんやろう！」

と「自称平安ファン」を名乗る5～6人が私に因縁をつけるところから始まって、

「ここでオレらに土下座せえ」

と言ってきたのです。その声を聞いても私はまったくひるみませんでした。

「お前らになんでそんなことしなきゃいけないんじゃ、ボケ！」

と言い返すと、すぐさま学校関係者が飛んできて、「監督、手を出したらいけません！」と静止しようとしました。けれどもその声に私はひるまず、

「手は出さんが、足は出したるわ！」

と言って、相手に蹴りを入れようとしたのです。その結果、空を切って終わったのですが、これには私に因縁をつけてきた自称平安ファンの人たちも驚き、後ずさりしました。これまで監督に対してそうした挑発行為をしてきたものの、反撃してきた監督はおそらくいなかっただけに、思いがけない私の行動にひるんでしまったのです。

続けて私は彼らにこう言いました。

「今、『土下座せえ』って言うたヤツ、もいっぺん言ってみんかい！」

わずか10秒ほどでしょうか。しばしの静寂が辺りを包みました。すると、ヤジを飛ばした一人が、こう言ったのです。

「オレらはあんたを憎くて言うたんやない。平安が勝ってほしいから言うたんや」

すっかりしおれてしまった彼らを見て、私は彼らにこう言いました。

「オレも甲子園に行きたいんじゃ。おっさんたち、よう見とけよ。アンタたちも必ず甲子園に連れていったるからな」

それと同時に、内心は「よっしゃ、まだ平安のことを期待してくれるような人たちがおったんやな」とうれしく思ったのです。

もちろん、私の行為は決してほめられたものではありませんが、平安ファンの人たちから「罵声とは期待の裏返し」ということを教えてもらいました。その声をただ「怖い」と引いてしまってもいけませんし、歩み寄ろうとしないのも問題です。

だからこそこちらは一歩もひるまず、罵声には本音で返す。そのことによって、相手の本音が見えてくるということを、私は彼らとのやりとりで学んだつもりです。

「原田の眼」

罵声には本音で返す

監督の力量が試合でものをいう

監督の力量が試合の勝敗を分ける――。高校野球ではとくにその傾向が強いと、私は見ています。どんなに選手を鍛えたところで、指揮を執るのは監督です。肝心の監督が相手の監督にひるんでしまったり、あるいは「苦手だな」と思ってしまったり、はたまた「嫌な予感を感じてしまうこと」があると、勝敗の行方に影響を与えることもあります。

渡辺監督と小倉部長の横浜から感じたプレッシャー

私自身、甲子園で戦っていくなかで、苦手だと感じていたチームがあります。一番印象が強いのは、渡辺元智さんが監督で、小倉清一郎さんが部長だったときの横浜です。

あれは２００３年の春のセンバツのときでした。前年秋の近畿大会に優勝して、甲子園でも宇部鴻城、岐阜の中京と破って続く準々決勝で横浜と当たりました。

ウチは前年の秋、近畿大会で優勝したことで優勝候補の一角に挙げられていました。当時のエースナンバーをつけていたのは、2年生左腕の服部大輔（現・滝川第二監督）。全国でもその名をとどろかせた強豪相手に、ウチがどこまで対抗できるのかがカギでしたが、横浜のほうが一枚上手でした。

試合は0対3で完封負けを喫したのですが、3回と5回に1点ずつ取られたときには、いずれもスクイズでした。実は横浜側は、ウチの服部からは「そう多く点は取れない」と考え、ウチの捕手の原康彰のクセを見抜いていたことを、あとになって渡辺さん本人から聞いたのです。

原は相手ベンチから、「スクイズのサインが出ているかもしれない」と察知した瞬間、キャッチャーミットを構えた位置から1～2歩横へ、同じ高さの位置にボールを外すように投手に要求したのですが、そのことまで読まれていたのです。横浜の選手がスクイズの構えをしたときに、「よっしゃ、もらった」と私が思った次の瞬間、横に外したボールに横浜の選手が飛びついてフェアゾーンに転がしたのです。これには横浜にしてやられたと思いました。

それだけではありません。渡辺監督と小倉部長がベンチ内で何やら話している姿を見ると、それだけで「何を話しているんやろう?」と疑心暗鬼になっていたのと同時に、えも言えぬプレッシャーとなっていきました。監督がこう考えるようになっていては、勝負あったも同然でした。

ただ、負けたなかから大きな収穫がありました。この試合以降、バッテリーには、「相手にスクイズのサインが出たと察知したら、捕手が構えた位置から一歩横に出て、投手には高い位置にボールを投げさせる」ことを徹底させるようにしたことです。私自身、それまでは「スクイズを外せ」とは言っていたものの、高さまでは指示していなかったのです。相手チームは「スクイズを外されたときの練習をしている」ということも、横浜との試合で学べたのは、大きな収穫だったと思っています。

相手をひるませるほどの激しい練習

もう一人、こちらは私自身がひるんでしまった監督がいました。智弁和歌山の髙嶋仁監督(現・名誉監督)です。髙嶋さんと言えば、高校野球監督としての甲子園の通算勝利数が68勝と歴代最多(2023年6月現在)を記録された名将です。

髙嶋さんとは97年夏の甲子園の決勝で対戦した以前から、練習試合や近畿大会で対戦する機会がありました。そのとき驚いたのが、試合前のノックです。あれは95年のこと。当時、1年生ながら捕手として試合に出場していた中谷仁一（現・智弁和歌山監督）の右肩にボールをゴンッと投げつけたかと思いきや、「ボールを捕ってこい！」と言ってライト方向に打球を打つ。中谷は必死になってホームからライトへ全力疾走するのです。

「うわ、すげえな……」

私以下、選手全員がその光景を見てひるんでしまいました。まるで「ウチはこれだけ激しい練習をしているんだぞ」ということを見せつけられたような思いがしたのを、よく覚えています。

この他にも「関東のチームにしてはまとまりがある」と感じたのは、森士《おさむ》前監督が率いていた浦和学院です。浦和学院とは2015年の春のセンバツの1回戦で対戦しました。私たちは前年の春に優勝しましたが、浦和学院はその前の年の13年のセンバツで優勝していますから、実力は拮抗していると考えていました。

試合は想像をはるかに超える投手戦となり、9回の攻防まで終わっても0対0のまま。先発の高橋奎二《けいじ》（現・ヤクルト）が延長11回にツーアウト二塁から連続タイムリーヒットを打たれて万事休すとなりましたが、浦和学院の攻守にわたって統率力の高い野球が印象的でした。これも森前監督の指導の賜物なのかなと感心したことをよく覚えています。

「原田の眼」

甲子園で勝つ監督には哲学がある

どんな監督も甲子園に出れば「勝ちたい」と思うものです。そのためには、何か一つでも「これだけは誰にも負けない」という野球哲学を持っているかどうかが重要になってくる。私は甲子園で戦った監督さんたちからそのことを学ばせてもらいました。

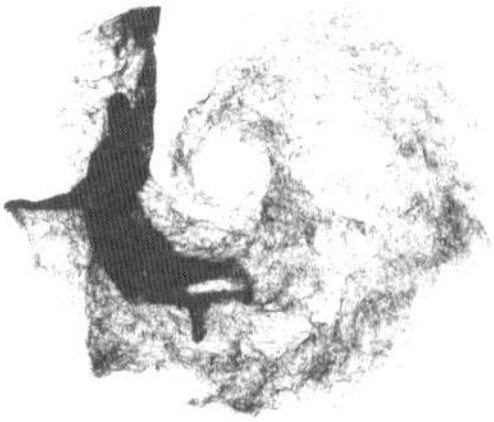

選手の親と一定の距離を保ってきた理由

選手の親とは一定の距離をとる。平安の監督に就任した直後から、40代くらいまではずっと行なってきたことです。その理由は「ささいなことが誤解を生み、互いにいらぬ気苦労を生むから」でした。

選手の親と談笑していたら……

あれは監督に就任した1年目のこと。当時は亀岡に平安のグラウンドがあったのですが、バックネット裏付近に来ていたある選手の親御さんから「こんにちは」とあいさつされたのです。私も「こんにちは」とあいさつをし、時間にして4〜5分ほどたわいもない立ち話をしてから、その場を離れました。

それから時間も経たぬうちに、平安の関係者から、「親御さんたちがこんなことを話していましたよ」という話を耳にしたのです。

「あの人は監督さんと仲がいいから、息子が試合に出ているんだ」

私に言わせれば濡れ衣もいいところです。たしかにあいさつをした親御さんのご子息はレギュラーとして起用していましたが、それは実力があってのこと。他の選手とは替えの効かない選手だったので、私はレギュラーとして使っていただけです。

それにもかかわらず、何の気なしにただあいさつをしただけなのに、「えこひいきをしている」と言われてしまう――。私は正直困りました。どうしてそんな考えになってしまうのかがよく理解できなかったからです。

親に疑心暗鬼が生まれる理由

ただ、控えの選手の親御さんは、「わが子が試合に出られない」ということで、内心コンプレックスに感じている部分があるのではないだろうか――。そんなことを考えました。

本当は試合に出ている子どもの姿を見てみたい。そのためには監督と仲がよくなることも一手だと思うけれども、どうしていいかよくわからない。そんなところに、監督と親しげに話していた親がいることを知った。だからウチの子は試合に出られないんだ――。

そんなことがあるはずもありません。私と親しくなれば試合に出られるなんて誤解をされては、この先監督を続けていったら何を言われ出すかわからない。そう危惧した私は、野球部在籍中の選手の親とは一切話さないと決めたのです。グラウンドはもとより、公式戦が行なわれる試合の球場で顔を合わせても絶対に談笑しない。親御さんと一線を引くことで、「どの選手たちとも対等でいる」ということを示したかったのです。

当時の私の判断は、間違っていたとは思いません。私も社会人野球時代、野球強豪校で指導することのやりづらさというものを耳にしたことがありましたが、「こういうことなんやな」と認識したことをよく覚えているのです。

今はあいさつ程度は選手の親御さんとはするようになりました。私より年齢が若い親御さんが増えたことが理由に挙げられますが、それでも談笑するのは差し控えています。普段からの何気ない言動が、選手の親に対してあらぬ誤解を与えることもあるということを、世の指導者は知っておいたほうがいい――。私はそう考えています。

「原田の眼」

どの選手たちとも対等でいる

今の時代だからこそ、あえて「叱る」ことが必要だ

今の時代、何かにつけて「ほめる」指導を奨励する声が大きいですが、私は「ときには叱ったり、きついお灸を据えることも必要である」と考えています。なぜなら高校生と言っても彼らはまだ子どもです。やっていいことと悪いことの分別がついていない場合もあるからです。

センバツの試合当日に寝坊した選手

今の子どもたちは、考え方の視野が狭いものです。私たちの時代は外で遊んでいるなかで、さまざまなマナーやルールを覚えていったものですが、今の子どもたちは室内に閉じこもってゲームをしていることが多いせいか、人間関係の作り方がわかっていないケースが多々見受けられます。

それに、やっていいことと悪いことの区別がついていないのも、今の子どもたちの特徴の一つです。昔でしたら何か悪さをすると、近所の口うるさいおじさんに「コラーッ！」と叱られたものですが、今はそうした人が不在です。その結果、親を含めた大人たちから「人様に迷惑をかけるようなことをするな」と教えられてこなかったために、一般常識ではあり得ないようないたずらや悪さをして大きな問題となってしまう――。だからこそ大人が子どもたちに対して、「いいものはいい、悪いものは悪い」ときちんと伝えていく必要があると、私は考えているのです。

2015年春のセンバツではこんなことがありました。初戦を迎えた朝、あろうことかレギュラーの選手を含む4人が朝寝坊をしてきたのです。私は当然のことながら叱りました。みんなが起床時間を守って起きてきたにもかかわらず、この選手はそのルールを守れなかったからです。

寝坊してきたレギュラー選手に対する私のペナルティーは、叱っただけでは終わりませんでした。初戦の浦和学院との試合でスタメンから外したのです。

「勝つためにはレギュラー選手の力が必要なのだからやりすぎだ」

と思う人もいるかもしれませんが、私はそうは思いません。大事な試合の当日に寝坊してくるということは、緊張感に欠けている、試合を甘く見ていると見ていました。

考えてもみてください。もし、一社会人として、大事な取引が朝一番の時間にあるとき、寝坊してしまったら許されるでしょうか。「大事な仕事を任せることができない」と上司から判断され、大きな仕事から外されることがあっても何らおかしなことではないのです。私も日本新薬で一営業マンとして活動していたとき、「時間を守る」ことの大切さを感じながら業務にあたっていましたし、「営業マンは時間厳守で動くものだ」と、職場の先輩方から教えられてきました。

野球だってそうです。「甲子園の初戦の朝」は、社会人における大事な取引の朝と同等、もしくはそれ以上に大切だととらえるのが普通です。それにもかかわらず、寝坊してしまった。私は叱るだけにとどまらず、「試合に出場させない」というペナルティーを与えることを選びましたが、そのことに一切後悔はしていませんでした。なぜならその選手を試合に出場させれば、致命的なミスを引き起こすかもしれませんし、緊張感に欠けてしまっていることで、プレー中に大きなけがをしてしまうかもしれない――。試合に出場させるメリットより、デメリットのほうが大きいと考えたのです。

お灸を据える役割を担う

当の選手本人はというと、私が叱っているときには反省の表情を浮かべていましたが、試合に出場させずに他の控え選手を出場させると、さすがに顔色が真っ青になっていました。私が思うに、宿舎で叱っていたときは、心のどこかで「叱られていても、試合には出られるだろう」と高をくくっていたように思います。けれどもそれでは選手本人が、「寝坊したことは悪いことだった」と心の底から反省しないでしょうし、次また同じ場面が来たら同じことを繰り返してしまうと懸念していたのです。

平安は初戦の浦和学院との試合に0対2で敗戦しました。

そして2023年、第95回センバツ初戦の朝も2人、寝坊した選手が現れました。2人とも背番号をつけている選手です。あろうことか、朝の全体体操の途中に起きてきて、その後、知らん顔をして他の選手と笑いながら朝食も食べていました。当人からは「寝坊しました、すみません」の言葉もなく、他の選手も怒らない、という状況です。一人は寮でも寝坊の常習者でした。当然、試合には出場させませんでした。

叱ることで得られるものとは何か。私は反省する気持ちと同時に、「同じミスを繰り返さないようにしよう」という自分に対する戒めの気持ちだと考えています。

もしこの先もこうした失敗を繰り返してしまうようなら、それは選手本人だけではなく、「叱ったり、きつい御灸を据えることをしていない」指導者の責任によるところが大きいわけです。どんなにレギュラーを張っている選手だからと言って、チーム内のルールを守れないのであれば、厳しいペナルティーを与えることは必要です。それがたとえ甲子園という大きな舞台を間近に控えていても特別扱いすることなく、きちんと律していく姿勢を見せることが、指導者に必要なことだと私は思うのです。

「原田の眼」

選手の失敗は指導者の責任

叱った選手の「目」を見てフォローする

叱った選手をどうフォローするべきか。私は「選手の目を見て判断する」ようにしています。

叱った理由を説明する

「目は口ほどにものを言う」とはよく言ったもので、口ではどんなにポジティブなことを言っていても、その目つきやまなざしから、なんとなく本心でないことが感じられるものです。私は叱った選手に対してはそこを見逃さず、声をかけるというわけです。

たとえば練習中に気の抜いたプレーをしていた選手を叱ったとします。昔でしたら、どんな理由であれ、叱られたことに対して反発する気持ちを持って向かってくる子もいましたが、今の子どもたちは違います。叱られたことを真正面に受け止めて、そのまま落ち込んでズルズル引きずってしまうなんてことも、珍しくありません。

私の場合、叱った選手に対しては、その当日は特別声をかけるようなことはしません。たしかに内心は、「さっきはちょっと言い過ぎたかな。どう考えているんだろうな」と思うこともありますが、叱られたことをどう受け止め、どう反省しているのか、その後の行動をじっくり観察するようにしています。

問題はその翌日です。前日叱った選手については、翌朝、あるいは練習が始まった直後のウォーミングアップのあたりまでに声をかけるようにしています。

「元気がないように見えるけど、どうした？」

このとき私から目線を逸らす、あるいは元気がなく下を向いて話すようなことがあれば、「前日叱ったことを引きずっているな」と判断します。叱られたことに対して不安を感じていたり、なんとなく気まずい思いをしているからこそ、私に顔を向けて話ができないからです。

その場合は、こんな話をします。

「昨日叱ったのは、気の抜いたプレーをした結果、ボールが体に当たってケガでもしたら危ないと思ったからなんや。何もお前さんを憎いから感情的に叱ったわけじゃないんやぞ」

このように話すと、選手もすぐに理解し、

「わかりました。昨日のことは反省して今日からまた一生懸命がんばります」

と気持ちを切り替えてくれるものです。

叱られ慣れていない子どもの対処法

今の子どもは親から叱られ慣れていない分、強い口調で叱ってしまうと、「悪いことをしたから、もう試合に使ってもらえないんじゃないか」とネガティブな方向に考えが向かいがちです。指導者からしたらまったくそんなことはないのですが、たった一言叱ったことで気持ちがマイナスな方向に進んでしまうのは、選手だけでなく、チーム全体の雰囲気にもかかわってきます。ですから叱った翌日に、選手が私の目を直視して話ができるかどうかというのは、チェックすべきポイントとなるわけです。

反対に、叱った翌日に、私の目を直視して話をするような選手でしたら、「心配ない」

と判断するようにしています。「昨日叱られたのは自分が悪い。今日からは気持ちを切り替えて練習をやろう」という考えに変わっていることが多いからです。

繰り返しますが、「目を見て人と話す」というのは、人と会話をするうえでの基本です。叱った後にその選手がへこんでいるかどうかは、目を見て会話ができるかどうかから判断すればいいと、私は考えているのです。

「原田の眼」

選手の目を見れば
だいたいの様子がわかる

「HEIAN」のユニフォームに憧れ、目指した小学校時代。念願叶って入学した先に待ち受けていたもの

私は1960年5月19日に京都市内で生まれました。ただ、出産したときに左腕を骨折していて、肘から手にかけてブランブランの状態でした。生まれた直後で体力的に手術ができる状態ではなかったので、左腕を石膏で固められたまま退院し、その後は骨をくっつけることから始めました。その結果、左腕の発育が右腕に比べて遅れてしまったのです。

そこでお医者さんから母に、こんなアドバイスをいただきました。

「日常生活のなかで、できる限り左手を使わせるように訓練してください」

母はこの言葉を実践し、私が右手で何かものをつかもうとしたら、「左手で取りなさい」と叱られました。このときの名残から、私が今でも字を書いたり箸を持ったりするのは左手です。一方で私の感覚では、瞬時に何かつかんだりするのは右手だったので、本質的には右利きなのかなと考えていました。それだけに、左利きにするには日頃からの訓練が必要でしたが、当時の私は意識して左手を使うようにしていたので

す。

そうしたなか、野球を始めたのは小学1年生のとき。もともと父が京都の洛陽高校の2年生のときに1950年春のセンバツに出場していた高校球児で、私にも「野球をやらせたい」という思いがあったと、後に父から聞きました。私は当初は左投げ右打ちだったのですが、ずば抜けて足が速かったことで、

「左打ちのほうが一塁ベースに近いし、長所が生かせるやろ」

というアドバイスを受け、2年生に上がったときから左で打つことになったのです。すると、足を生かしてヒットを量産する打者となり、それと同時に上級生になると投手も任せてもらえるようになりました。その結果、6年生のときのチームは京都市内の大会で優勝するまでになったのです。

ただし、どうしても克服できない欠点もありました。それは「投げたボールがすべてカーブの軌道を描いてしまうこと」。私はストレートを投げているつもりだったのですが、生まれたときに左腕を骨折していたことで、どうしても腕を振り下ろすとカーブのような回転になってしまったのです。小学校のとき、少年野球で優勝できたのは、

相手チームの子たちが変化球を打つのに慣れていなかったことも要因に挙げられます。

ちょうどこの頃から私は、「平安高校で野球をやりたい」という目標を持っていました。その理由は単純で、「ユニフォームがかっこよかったから」。ナイトゲームでプレーしている平安の選手のユニフォームが、青白く光り、「HEIAN」の文字が浮き上がってくるのです。

「将来は平安のユニフォームを着てプレーしたい」という思いが強くなっていった当時のことをよく覚えています。

中学は地元の九条中学に進み、高校受験を経て晴れて平安に合格。野球部の門を叩きました。私は一般入試で入学したので、推薦組と比べて遅れて入部したこともあり、スタートは出遅れました。

驚いたのは新入部員の数です。100人近くはいたと記憶していますが、練習初日にいきなり1000本ダッシュをすると、20人が辞めていきました。翌日、また翌日と同じ練習をしていると、10人、また10人と辞めていき、1週間で半分くらいの人数にまで減ったのです。

私は入部前から「平安の練習は厳しい」と聞いていたので、相当の覚悟はできていましたが、足の皮がめくれたり、足の爪が割れたりして、足が動かなくなりました。それでもどうにかして乗り越えようと必死になって練習に食らいついていったのです。

厳しさはそれだけにとどまらず、1年生はグラウンドには先輩たちが来る2時間前に着いていなければならない。朝8時に先輩たちが来るのであれば6時、7時の場合は5時と、寝る暇もほとんどありません。それを3年生のチーフマネージャーが2時間半前にグラウンドに来ては、1年生がきちんと2時間前に来ているかを見張っていました。

そのうえ当時グラウンドは亀岡にあり、最寄りの国鉄（現・JR西日本）亀岡駅からグラウンドまでバスを1年生は使ってはいけないというルールがあったので、毎日駅からグラウンドまでダッシュしていました。練習が終わると、1時間に1本しか電車が走っていなかったので、その電車に乗り遅れまいと必死に田んぼのなかを突っ走っていたのです。おかげで駅に着く頃にはズボンと靴が泥だらけになっていました。

理不尽なことはさらに続きます。それは先輩に対する礼儀。あいさつをする角度や、頭を下げたときに静止する時間など、事細かにルールがあり、もし守らなければ先輩からきついお灸を据えられる、ということがたびたびありました。上級生でもレギュラーやベンチに入っている人はとくに何も言わないのですが、ベンチ入りのできない、補欠の先輩はやっかいでした。こうした経験は、私と同じ世代の人であれば同じように経験されているかもしれませんが、1年生のときには「どつかれる」ことが日常茶飯事だったのです。

そうしたなか、1学年上の多賀章仁さんにはお世話になりました。名前を聞いて「おや?」と思われた人もいるかもしれませんが、現在滋賀県の近江高校で監督をやられている多賀監督のことです。多賀監督は平安の出身で、私たち下級生からは「仏の多賀」と言われていました。理不尽なことで下級生を叱ることもなければ、どつくということもなかった。本当に優しい先輩でした。

結局、入部した1年後には私と同じ時期に野球部に入部した同級生は20人強にまで減り、それから1年あまり後の3年生の最後の夏まで残ったのは、私を含めわずかに11人だけでした。平安野球部の厳しさを肌で感じた3年間でしたが、私はこの厳しさによって、人間的に鍛えられたと今でも自負しているのです。

第2章

愛情をもって指導する

進路先の指導者にあえて選手の短所を伝えておく理由

自分の教え子たちの長所だけではなく短所も把握し、それぞれを進路先の指導者にあえて伝えることはとても大切なことだと考えています。

短所を伝えなかったことで起こる誤解

よく自分の教え子の長所をほめてばかりいる指導者がいますが、私は「それは違う」と感じています。なぜなら、長所ばかりを話し、短所を伝えることを怠っていては、あるときその教え子の短所が突如として顔を出したとき、「えっ、こんな部分もあったの!?」と進路先の指導者に驚かれたり、戸惑われたりするのはよくないのではないかと思うからです。

たとえば偏食の子だったら、

「この子はほぼすべての野菜が食べられません。食べられるものがあるとすれば、かろうじてトマトだけです」

と伝えることも過去にはありましたし、性格的にのんびりしているような子であれば、

「この子は野球の技量はありますが、同じポジションを守るライバルに対して、危機意識を持つということをほとんどしません。ですから指導者のほうから無理やりお尻に火をつけるようなことをしてしまうと、戸惑いを見せるということがあるかもしれません」

といった具合に伝えるのです。もちろん長所があればその点も伝えておくのですが、あわせて短所も伝えておくことで、「この子はどんな特徴を持った子なのか」を理解してくれるわけです。

人間は誰しも長所もあれば短所もあります。たとえ甲子園に出場していようが、プロからの注目選手だろうが、短所のない完璧な人間などこの世にはいません。私自身、指導者という立場にいてよくわかるのですが、「預かる選手の長所、短所を事前にあらかじめ聞いておくか、おかないか」で、指導しやすいかどうかという面は確実にあ

ります。ですから私自身が一人ひとりの選手の長所と短所をきちんと把握して、それを次の進路先の指導者と共有することは、とても大切なことであると考えているのです。

大学野球部で「おい、平安」と呼ばれる理由

教え子たちが大学の硬式野球部に入部すると、先輩たちから例外なくこう呼ばれます。

「おい、平安」

下級生のうちは名前で呼ばれず、学校名で呼ばれると、卒業生たちのほぼ全員が口にします。これは、「平安出身の子たちはきちんとしている」という評価の裏返しだと思っています。

手前味噌になりますが、実際、大学の指導者からも、「原田監督の教え子たちは、グラウンドではもちろんのこと、野球を離れた寮生活のなかでも手がかからなくていいですね」と言っていただくことがあります。

大学生ともなれば、寮生活のなかでは指導者はあれこれ口酸っぱく言わなくなるも

のです。それだけ選手を大人扱いしているということでしょうが、一部には寮生活で風紀を乱す選手も存在します。

大学側としてはそうした選手の扱いに困ってしまうこともあるそうですが、よくよく聞いてみると、その選手が在籍していたときの高校の指導者からは、「長所はたくさんアピールされたものの、肝心の短所については何ひとつ教えてもらえなかった」という話も聞いていました。

そうかと言って、あまり厳しくしてしまった結果、大学の野球部を辞めてしまうようなことがあれば、その選手が在籍していた高校とそれまでに築いてきたパイプにも影響が出てしまうということで、大学側も頭を悩ませていたというのです。これでは預かる大学側も戸惑ってしまうのは、仕方のないことかもしれません。

ですから私の場合、教え子の進路先の指導者に対して、長所だけでなくあえて短所までも伝えて、「こんなところもあったのか」ということがないようにしています。そのうえで、

「ウチの子がご迷惑をかけるようなことがあれば、どツキ回したりしばいたりしたって構いません」

と過激なことを言うこともありますが、「いえいえ、そこまでやるつもりはありませんよ」と一笑に付されることもあります。これは半ば冗談のつもりでもありますが、大切なのは、その選手に対する「取扱説明書」のような役割を、指導者は果たすべきだ――。私はそう思えてならないのです。

原田の眼

指導者は選手に対する「取扱説明書」

高校生はどこまで鍛えるべきなのか

今年開催されたワールド・ベースボール・クラシック（ＷＢＣ）を見て、「大谷翔平選手のようになりたい」と憧れた球児は全国で見ても相当数いるのではないでしょうか。

高橋奎二が秘めていた可能性

打席に立てば「どこまで飛んでいくんだろう」と想像を超えるほどのどデカいホームランをかっ飛ばし、マウンドに立てば決勝戦の最後でエンゼルスのチームメイトであるマイク・トラウト選手を空振り三振に斬って取ったように、躍動感あふれるピッチングを披露する――。まさに大谷選手は野球選手が目指すところの「究極の二刀流である」と言えるでしょう。

けれども現実に目を向ければ、「大谷選手のようにはなれない」と考えてしまうもの。

それでも「大谷選手を目標にしたい」と考えたとき、高校生で目指すのはどのあたりでしょうか。私だったら、

「いくつもの目標を作って、それを一つずつ超えることだけを考えていきなさい」

ということを声を大にして言いたいのです。

高校生はまだ肉体的にも成長段階の途中にいます。筋肉や骨格も鍛え方次第でまだまだ大きくなる可能性を秘めていることを考えれば、無理やり体を大きくしようとするのではなく、「体の成長時期に合わせて、それぞれの肉体に合った鍛え方をしていくことだけを考える」べきだと考えています。

現在、ヤクルトでローテーションの一角として活躍している高橋奎二がまさにそうでした。高橋のプレーを初めて見たのは彼が中学3年生のとき。亀岡という田舎で野球をやっていた彼は、当時は投手はやらずにおもにファーストや外野を守っていましたが、とても楽しそうにプレーしているのが印象的でした。

平安野球部に入部してからは、全身にバネがあることはわかっていたのですが、いかんせん身長は175センチを超えるくらいで、体重が60キロ前後と体の線が細く、関節の可動域もまだまだ未発達の状態だったので、まずは体づくり、とりわけ柔軟性

をつけるためのストレッチを中心に行なわせました。

すると夏が過ぎたあたりでしょうか。高橋の身体の柔軟性が、入学時と比べてはるかに高くなっていることに気がついたのです。本人曰く、「毎日欠かさずストレッチをしていたら、ここまでできるようになりました」。まさに「継続は力なり」という言葉がピッタリ当てはまりますが、私は彼の根気強くストレッチをこなし、身体の可動域が広がっていく姿に目を細めていました。

そうして２０１３年秋の近畿大会でも高橋を起用していくことにしました。すると、投げるたびに好投してくれた結果、近江、智弁学園、履正社、智弁和歌山と次々と強豪校を撃破。見事に近畿大会を優勝することができたのです。

この勢いは翌14年春のセンバツでも続きました。高橋は２回戦の八戸学院光星の試合から登場させ、８回３分の１を投げて失点がわずか２で、甲子園初勝利を飾りました。続く準々決勝の桐生第一との試合では、７回から登板させて延長10回までの４イニングを無失点に抑え、準決勝の佐野日大戦では９回を１失点に抑えて完投勝利を収めました。最後の決勝の履正社戦では先発させたものの、３回途中で降板することになりましたが、チームは６対２で勝利し、平安としては初めての春制覇を成し遂げたのです。

成長過程の進捗を見定める

けれども私は「何がなんでも高橋」という起用法はしませんでした。前にもお話しした通り、彼の身体はまだまだ成長段階にあったので、無理をさせてしまうと取り返しのつかない故障をさせかねない――。そうした危機意識を持っていたので、3年生になれば投手は高橋を中心に回そうとは考えていたものの、2年生の段階では他の投手と継投で起用するのがベターだと判断していたのです。

つまり、こうした段階を描いていました。

(1) 入学時は身体の可動域を広げるべく、ストレッチを中心とした基礎体力をつけることに主眼を置いたトレーニングをさせる。

(2) 入学時よりも成長したことがわかれば、1年秋の段階から実戦のマウンドに上げて経験を積ませる。

(3) 甲子園のマウンドを経験させる場合も、無理な起用はしない。

(4) 身体が出来上がってきたら、実戦で投げる機会を徐々に増やしていく。

　こうしたプランを描いた結果、センバツで優勝した年の夏と翌15年の春のセンバツと、３季連続で甲子園に出場しました。高橋は私の見立て通りこの間身体が成長を続け、２年生の終わりとなる３月の時点で身長１７８センチ、体重78キロとさらに大きくなりました。最後の夏は京都予選４回戦で京都翔英に８対11で敗れて４季連続で甲子園に出場することは叶いませんでしたが、この年の秋のドラフト会議で高橋はヤクルトから３位指名を受けて入団することが決まったのです。

　結果的に私は、彼がヤクルトに入団したことはよかったと思っています。当時、二軍監督を務めていた高津臣吾監督に、身体の強化とケアについてずっと見てもらえたからです。時間をかけて大事に育ててもらったおかげで、今や高橋はヤクルトのローテーションの一角を任されるだけでなく、ＷＢＣの侍ジャパンの代表選手に選ばれるまでに成長を遂げました。

　彼のマウンドで躍動する姿を見るたびに、

「どんなに優秀な選手でも、成長段階でどういう成長曲線を描いて伸びていくのか、指導者は見極めないといけない」

　ということを、あらためて考えさせられた気がしています。

「原田の眼」

指導者が描く
成長曲線が
選手を左右する

一つの分野に特化していても、それだけではプロでは通用しない

ドラフト1位でプロの門を叩きながら、一軍で通用しなかった選手の特徴の一つに、「アマチュア時代、一つのことだけに特化した能力を持っていたが、他のことにはまったく興味を示さなかった」というパターンもあります。

打撃ではピカイチだった髙橋大樹

2012年のドラフトで広島に入団した髙橋大樹《ひろき》がまさにこれに当てはまりました。髙橋を初めて見たのは彼が中学3年生のとき。打席に立てばとにかく「遠くに飛ばすなあ」というのが第一印象にありました。グラウンドは外野後方に川があって狭く、木のバットで打っていたものの、いとも簡単に川に放り込んでいたのです。しかもお父さんは警察官で元陸上の選手、お母さんは5種競技出身というアスリート一家だと聞いていましたが、類まれな身体能力の高さが魅力でした。
ただし懸念材料もありました。両親の教育方針で、「好きなことは徹底的にやらせるが、嫌いなことは一切しなくてもいい」と教えられていたので、勉強が苦手だったのです。中学の成績を見たら、「どうしたらこんな成績を取れるんだろう？」と驚くくらいひどかった。そこで「ここに来たら勉強しないといけない。寮生活だって規律が厳しい。覚悟はあるのか？」と本人に聞くと、「はい。もちろんです」と答えてくれたので、ウチで預かることにしたのです。

実際、入学させると授業に出席せずに寮の部屋にこもっていてばかりでした。私は高橋本人と何度も膝を交えて話をして、授業に出席するように促しました。満足に授業に出ていない生徒を、どんなに能力があるからと言って、野球の練習だけ参加させるわけにはいきません。そのあたりについて、私は高橋を諭すように話していたのです。

すると、入学して3ヵ月くらい経過したあたりになると、少しずつですが授業に出席するようになりました。彼のクラスで授業を教えている先生方に話を聞くと、一生懸命耳を傾けて授業を受けているということだったので、私は彼が野球部の練習に参加することを許可したのです。

打撃練習では目を見張るものがありました。彼がスイングをすると、バットのヘッドが背中につくぐらいの柔軟さ、さらには弾力に富んだ筋肉が魅力でした。一球打つごとに鋭い打球が外野の後方へポンポンポンポン飛んでいく。まるで一人だけピンポン玉を打っているような錯覚に陥ったほどで、打撃においてチーム内で彼の右に出る者は一人もいないような状況でした。

けれども守備や走塁にはまったく興味を示しませんでした。とくに守備について、高橋は捕手をやっていたのですが、インサイドワークや配球、スローイングなど、捕手に必要なスキルの磨き方についてはまったく関心を示そうとしなかった。そこで私は、彼を外野にコンバートすることにしたのです。

その決断は正解でした。彼が2年のときの2011年の夏、平安は甲子園に出場したのですが、初戦の新湊との試合で「4番・ライト」で出場させると、4打数3安打1本塁打と、打撃能力の高さを披露してくれました。翌12年の夏も甲子園で2試合戦って、10打数4安打と実力を見せ、この大会が終わった後にU－18日本代表選手に選ばれ、大谷翔平選手、藤浪晋太郎選手（現・オークランド・アスレチックス）らとともに世界の舞台で戦ったのです。

問題は進路でした。勉強が苦手な彼が、大学の授業についていく姿が想像できなかったのです。そこで社会人野球に進ませようと考えたのですが、広島を筆頭にプロ野球の6球団から調査書が届いていたことを知った高橋は、「プロに行かせてください」と言ってはばからなかったのです。私は「プロで必要なのは野球の技術だけやない。勉強しなければならないことが山ほどあるんだ。それについていけるのか？」と、何度も本人に確認したのですが、「大丈夫です」の一点張り。

「それなら何位で指名されるかわからんけど、本人の望むようにしてやろう」ということで、プロへの道を視野に入れたのです。その結果、ドラフト会議では「外れの外れ」ではありましたが、1位で指名してもらえました。これには私も驚きました。期待半分、不安半分ではありましたが、「1年でも長く野球を続けて、指名してくれた広島さんに恩返ししてほしい」という気持ちが本音のところでした。

ところが、翌年2月の春季キャンプを私が見学に行ったとき、とんでもない選手がいることがわかりました。私は高橋が音を上げずにどれだけがんばっているのかをしかと見届けるつもりでいたのですが、彼と同じ高卒の新人が鬼気迫る表情で必死になって練習していたのです。それが現在、メジャーリーグのシカゴ・カブスに所属する鈴木誠也選手でした。

鈴木選手は髙橋の一つ下の順位の2位で広島に入団してきたのですが、フリーバッティングやティーバッティングで一球打つごとに、「あー！　違うよ！」「こんなんじゃないよ、クソッ！」などと大声を発している姿に並々ならぬ迫力を感じていました。

しばらくすると、当時広島の二軍監督を務められていた内田順三さんがやって来られたので、少しばかり立ち話をして、鈴木選手の話を持ち出したのです。

「あの選手、すごいですね。高卒のルーキーなんですよね？」

私が内田さんにそう聞くと、

「さすがによく見てますね。あの子は3〜4年後には間違いなく広島の主軸になっていますから、注目しておいてください」

と返してくれたのです。そうでしょうね、と内田さんの言葉にうなずきながら、鈴木選手の練習する姿に私は釘づけとなっていました。

一方の髙橋はと言うと、なんだか自信なさげに練習をしているのです。プロの世界は「打つだけでOK」というのは、新人選手には許されません。守備、走塁はもちろんのこと、戦術や作戦などの細かいチームプレーなども覚えなければいけない。やることが山ほどあるのですが、それについていけているかどうかすら、怪しいレベルにいました。

それだけではありません。12球団の新人選手が集まっての研修やチーム内でも新人教育があって、彼が苦手だった座学もやらなければならなかった。髙橋本人から、「もっと勉強して、ノートを書く習慣を身につけておけばよかったです」という話も聞きました。

広がり続けた鈴木誠也との差

こうして髙橋と鈴木選手の差は広がるばかりで、鈴木選手はルーキーイヤーから11試合に出場。その後もメキメキと頭角を現し、16年から広島が3連覇を果たしたときには、欠かすことのできない主力へと成長していました。一方の髙橋は、入団2年目に2試合出場したものの、その後3年間は一軍からお呼びがかからず、二軍で過ごしてばかりいました。中学、高校と、打撃においてはライバルのいなかった彼が、プロの世界で、しかも同学年の選手で初めて自分より上のレベルの選手を見たことで、怖気づいてしまったのです。

それならそれで、守備や走塁といった違った部分を磨けばよかったのですが、高校までと同じようにまったく興味を示さなかった。これでは高校とは比べものにならないほど厳しいプロの世界で生き残れるはずもありません。そのうえ鈴木選手は髙橋と同じポジションのライトでした。


走攻守にわたって高いレベルにある鈴木選手と、攻はそこそこのレベルにあるかもしれないが、走と守にまったく興味を示そうとしない髙橋——。首脳陣がどちらを起用したがるのかと言えば、間違いなく鈴木選手のほうです。広島にはちょうど私の教え子だった赤松真人が20年から二軍の守備走塁コーチとして、赤松と同級生の岸本秀樹がスコアラーとして在籍していたので、「髙橋を見てあげてや」とお願いしていました。けれども2人から返ってきた答えが、「打撃以外のことにはまったく興味を示しません」。私は「髙橋の現役生活はそう長くはないな」と半ばあきらめていました。

その結果、髙橋は21年のシーズンが終了すると、「来年は契約しません」と球団から戦力外通告をされました。一方の鈴木選手は、髙橋が戦力外通告をされた同じ年のオフに、ポスティングシステムを利用してメジャーリーグ挑戦を表明。22年3月にシカゴ・カブスと日本人野手最高額となる5年総額8500万ドルの契約を結んだという報道が出たのは、みなさんもご存じかと思います。

どんなに得意なことや技術的に抜けている長所があっても、それだけではプロの世界では生き抜いていくのは困難です。走攻守にわたってすべてが高いレベルにあるだけでなく、戦術面や作戦面などのチームプレーだって覚えなければいけない。ただ「得意なことだけをやればいい」というわけではないのです。頭だって必要以上に使いますし、賢くなければ一軍で長くレギュラーとして活躍していけないのがプロの世界なのです。このことをみなさんもぜひ知っておいていただけたらと思います。

原田の眼

ただ「得意なことだけをやればいい」だけでは生き残れない

「いいマネージャーを作る」ことが、野球部の最高の評価となる

チームをまとめていくうえで、最も大切にしていることの一つに、「いいマネージャーを作ること」が挙げられます。マネージャーというと女子をイメージする人が多いかもしれませんが、私が言うところのマネージャーは男子部員のことを指します。

私がマネージャーだけに与える特権

男子部員をマネージャーにする場合、技術的にレギュラークラスに及ばないという理由も一つにありますが、私はそれよりも「人間性」を高く評価したうえで就かせます。もちろん強制的にマネージャーをやらせるということはありません。あくまでも本人と話し合って納得してからの話ですが、マネージャーはチーム内で最も重要なポジションだと思っています。

たとえば、日々の練習の管理や選手のコンディション確認だけにとどまらず、練習試合の際には相手校の監督や部長の応対をするのもマネージャーの務めです。もちろんそれ以外にも数多くのお客様が外部からいらっしゃいます。そうした際に必ず最初に顔を合わせるのがマネージャー、言うなれば、「野球部の顔である」というわけです。ですから私は、マネージャーには他の部員たちとは違ってある特権を与えています。それは「スマートフォンを持たせること」です。野球部員は基本、野球部の寮でしかスマホは使えないようにルールで決めています。授業を行なう学校内や練習グラウンドにスマホを持っていくのは禁止にしているのです。

けれどもマネージャーは違います。練習前に私と連絡を取り合って確認することもあれば、他の要件で連絡をする場合もあります。そこでマネージャーだけは、他の野球部員と一線を引いてあえて大人扱いをしているのです。

さらにマネージャーに対して、一部にはまるで下に見ているような発言をしている部員も見かけますが、私はそうした発言や態度をした部員は叱りますし、言われたマネージャーにはこう声をかけています。

「いいか。アイツらを見ておけよ。お前さんが大学を卒業したときには必ず立場が逆転しているからな」

こう言われたマネージャーは、「?・」という顔をしていますが、こういうことが起こるのです。平安で最上級生までマネージャーを務めた者は、必ず大学に進んでいます。もちろん野球の能力を評価されてのものではありません。「マネージャーとしての能力」を評価されてのことです。

社会に出てから役立つマネージャーの資質

大学では高校以上にマネージャーの仕事が多くなります。とくにチーフマネージャーともなると、全学年の部員の管理から、お客様の応対、野球部でかかるお金の管理にいたるまで、幅広い役割が求められます。とくにお客様のなかにはプロ野球の関係者もいれば、財界や政界の人とも顔を合わせることもある。そのうえお金の管理も数千万円から億単位のお金まで管理しなければならない。つまり、人間的にしっかりした人物でないと、マネージャーが務まらないというわけなのです。

そうして大学４年まで進級すれば待ち受けているのは就職活動ですが、ほとんどと言っていいほど苦労しません。なぜなら「4年間、大学野球部のマネージャーを務めていたのだから、人間性に間違いはないはずだ」と採用する企業側も高く評価してくれるため、すぐに決まることが多いのです。

つまり大学で4年間、マネージャーを務め上げ、野球だけをやっていた部員よりもはるかに上の一流企業に就職できた結果、高校時代はほかの野球部員から下に見られていたマネージャーという存在が、大学を卒業する頃には一流企業に就職するために、多くの部員たちからうらやましがられる……というわけです。

それに、仮に大学を経由して野球で大企業に入社したとしても、野球ができるのはせいぜい10年くらい。現役を退いたあとは社業に専念することになるのですが、慣れない仕事に音を上げて苦労する元野球選手を私は数多く見てきました。それに比べると、大学でマネージャーを務めて入社してきた者は、「仕事ができる」と評価されているので、会社としても「必要な戦力である」と考えてくれることは、容易に想像がつきます。

私はマネージャーという仕事に誇りを持ってほしいと思っています。将来性のある仕事だと思って、誇り高くその役職に就いてもらいたいと思うのです。

「原田の眼」

マネージャーの仕事に誇りを持て

マネージャーの仕事をこなせることは才能の一つだと考えよ

私が平安で3年生の最後の夏に野球を終えた部員たちのなかで、最初に進路を決めるのがマネージャーに就いていた部員です。

真っ先にマネージャーの進路を決める

こう言うと意外に思われるかもしれませんが、選手の進路を決めるのはマネージャーの進路が決まったあとと、毎年そう決めています。

野球の能力のある選手は、極端な話、黙っていても大学側から「ウチに来てください」と勧誘されます。そうした選手はあらかじめ希望を聞いておいてから、本人の適性に合った大学を選んであげればいいのです。

けれどもマネージャーは違います。目に見える成果や正当な評価というものがなか

なか得にくいポジションですから、私が直接大学野球部の関係者のところに足を運んで、

「この子は人間性が素晴らしく、必ず野球部の役に立つ子です。ぜひ獲得を考えてみていただけないでしょうか」

と頭を下げてお願いして頼むこともあります。そうして「原田さんがそこまで言うのなら間違いないでしょう」とお墨付きをもらって進路が決定した……ということが、毎年のようにありました。そうして2〜3年経ってから、

「原田さんの下でやっていたマネージャーはいいですね。チーム内のいろいろなことに実によく気のつく子で、下級生から上級生までの全部員からの信頼が高いんですよ」

と言われると、指導者冥利に尽きるものです。

「マネージャーが僕の仕事であり、本業ですから」

「マネージャーはチームのことを第一に考えている」ということを象徴したエピソードがあります。

あれは2018年の夏の甲子園の100回の記念大会のことでした。このとき平安

は3回戦で日大三と当たったのですが、3対4で1点リードされたまま最終回の平安の攻撃を迎えました。ワンアウトとなったところで代打の起用を考えました。

「よっしゃ、三谷しかいない」

背番号16をつけた三谷悠馬は、マネージャーとしてチームに貢献してくれました。私はそれまで裏方としてがんばってきた努力に報いるためにも、代打で起用しようと考えていたのです。

けれども私が三谷の顔を見ると、スッと目線を逸らしました。そこで三谷に、「代打で行ってこい」と言うと、「無理です」という答えが返ってきたのです。

「なんでや？　打席に立てばテレビに映るんやぞ？」

そう言うと、「ちびっています」と言うではありませんか。聞けば打席に立てば緊張するあまり、3球三振で終わる可能性が高いので、他の人を行かせてくださいと言うので、別の選手を代打に送ったのです。

結局、試合に負けて宿舎に帰ってから、全員を前に三谷とのやりとりを話すと、「三谷、アホやろ」という声が飛んできました。けれども三谷は三谷で、「マネージャーが僕の仕事であり、本業ですから」と言って譲らない。こんな選手も実際にいたのです。

私はマネージャーとして能力がある者は、それも才能の一つだと高く評価していきます。キャプテンとは違うポジションでチームを一つにまとめ、野球部を運営していく作業は誰にでもできることではないからです。そのことを踏まえて全国の野球部でマネージャーを務めている男子部員は、大いに胸を張って堂々としてもらいたいと激励を送りたいのです。

「原田の眼」

マネージャー職をこなせる子は、それだけで大きな才能がある

どんなに可能性のある選手でも、コーチの指導でダメになることもある

プロ野球の世界、とりわけドラフト1位で入った選手が、日の目を見ることなく、ひっそりと表舞台から去っていく――。プロの世界に送り出した指導者からしてみたら、これほど寂しいときはありません。

川口知哉を入団させた際に出したある条件

97年にオリックスにドラフト1位で指名された川口知哉のときがまさにそうでした。川口はこの年の春夏の甲子園で活躍したことで評価がグングンうなぎのぼりとなり、私が教えた選手で初めてのドライチ選手でした。

私は彼がプロに入るにあたり、担当していたオリックスのスカウト編成部長の谷村智啓さんに一つだけ注文しました。それは、「川口のピッチングフォームを絶対にいじらないこと」でした。

川口は足を上げた右足をスッと下に降ろすのと同時に、顔を正面を向けてから軸足となる左足を曲げてグラブを持つ右手を前に伸ばし、ボールを投げる左腕を下にグイっと伸ばす独特の投球動作が持ち味でした。とくに両腕の使い方は、教えたからと言ってできるものではなく、言わば川口のピッチングフォームの生命線であると言っても過言ではなかったのです。それだけに、ここをいじられてしまうと、「投手・川口知哉」でなくなってしまうと感じていました。

私の申し出に、谷村さんは、「大丈夫ですよ。いきなり高校から入ったルーキーのピッチングフォームをいじるなんてことはしませんから」と断言してくれたので、「後はプロの指導者に任せよう」と私は安堵していました。

ところが——。あれは川口が入団した1年目の夏頃だったかと思います。私がオリックスの二軍の試合で川口が登板すると聞いたので駆けつけてみると、左腕を円を描いて投げるオーソドックスなピッチングフォームに変わってしまったのです。私はそれを見て、

「なんでや……」

と目の前が真っ暗になりました。あれだけ「ピッチングフォームは変えないでくれ」とお願いしていたにもかかわらず、当時の二軍の投手コーチが変えるように指示したのだと、後になってから川口本人から聞きました。入団した年の春季キャンプで、「ボールの勢いはあるものの、コントロールが今ひとつ」という首脳陣の評価を受けて、「一軍で通用するにはコントロールを磨かなアカン」ということで、ピッチングフォームを大幅に変えられてしまったというのです。当初は川口本人も渋っていたそうですが、高校出たての新人が投手コーチの意見に逆らうことなどできません。その結果は最悪なものとなってしまいました。

私も川口からの話を聞いて、「あかん。もうプロでは無理や」と悟りました。ピッチングフォームを変えてしまったことで、川口の持ち味だったボールの見にくさや、伸びやかなストレート、ホームベース付近でストンと落ちるスライダーのキレにいたるまで、ピッチングのリズムのすべてが狂ってしまったからです。

「もうあかん。元に戻らん……」

その後、オリックスの投手コーチが替わられたときに、「川口の高校時代のビデオテープはありますか？」という電話がありました。もちろんありますよ、と私が答えると、「川口のピッチングフォームを高校時代のものに戻したい」と言うのです。

そこで私は、オリックスの合宿所に足を運び、私と投手コーチ、川口の3人で高校時代のフォームをじっくり見てからシャドーピッチングをさせました。すると、昔のフォームで投げられたのです。「なんやできるやないか」、私はそう思って、今度はブルペンでネットに向かってボールを投げさせると、あろうことか今のフォームでしか投げられなかったのです。私はそれが悔しくて、その場で思わず泣いてしまいました。

「もうあかん。元に戻らん……」

その後も川口が投げるときは極力見に行くようにしていましたが、投げれば投げるほどフォームがバラバラになっていく様子がわかりました。2001年8月4日の二軍の広島戦では1試合6暴投のウエスタンリーグ新記録、同じ月の29日の阪神戦では1試合15四球、7連続四球のリーグ記録まで作ってしまったのです。この時点で、誰がどう教えても高校時代の川口の輝きを取り戻すことは不可能になってしまいました。

この頃は、「川口はコーチの言うことを聞かない」という報道も目にするようになりましたが違います。「コーチの言うことは聞いても、身体が思うように動いてくれない」というのが真相です。一連のピッチングフォームのなかで、足を下ろしてから腕はこう振りなさいと一生懸命コーチがアドバイスしてくれるのですが、実際にブルペンのマウンドに立って投げてみると、捕手の構えているところにボールが行かないどころか、隣の捕手のところにボールが行ってしまう。これでは投げるたびに不安よりも恐怖のほうが上回ってしまうのも仕方のないことです。

そして2003年オフに川口のスカウトを担当された谷村さんが二軍の投手コーチに復帰されました。「私が責任を持って面倒を見ます」と私に言ってくれたのですが、このときは、もはやどうすることもできませんでした。そうして04年に戦力外通告を言い渡されて、トライアウトを受験するも獲得する球団は現れず、ひっそりと現役を引退したのです。

「コーチの言う通りにしたらダメになった」というパターンは悲劇としか言いようがないと思っています。アマチュア時代に評価してくれた長所をすべて消してしまったからです。せめて1年目は高校時代の長所で勝負させて、それでも通用しなければどうすればいいかを話し合ってくれていたら、もっと違った結果になっていたかもしれない――。そう思うと、悔やんでも悔やみきれない、というのが私の本音なのです。

「原田の眼」

せめて1年は
長所を活かした
指導をしてほしい

勝てるチームほど、一人ひとりが危機意識を持っている

甲子園での優勝を本気で目指す子たちは、目標を設定して誰にも負けないほどの練習量をこなします。川口知哉の話が続きますが、この世代がまさにそうでした。

ドライチ候補選手に負けて抱いた危機意識

彼らが3年生のときの夏の甲子園で準優勝したとき、一部のマスコミからは「川口のワンマンチーム」という書かれ方をされましたが、私はそんなことはないと思っています。なぜなら川口以外の選手たちのがんばりを、3年間見続けていたからです。

川口は1995年の春に平安野球部に入部しました。彼自身は中学時代まで「コントロールが悪い」という理由から、ファーストや外野などをやっていたのですが、身体が大きく、ちゃんとした身体の使い方を覚えたら面白い存在になるんじゃないかと思い、ピッチャーをやらせてみたのです。すると、入部早々の大宮東との練習試合で、完封勝利を収めました。

「この子はおもろいやないか」

そう思って練習試合で起用し続けると、川口が他の先輩投手よりもはるかに防御率がよく、好結果を連発して出してくれました。そこで1年生の夏からベンチ入りをさせるだけではなく、その年、ドラフト1位でダイエー（現・ソフトバンク）に入団した斉藤和巳投手擁する南京都との試合では、先発を任せたのです。

その結果、試合には2対5で負けたのですが、ドライチ候補の投手を打ちあぐねたことによって川口の世代は「全国レベルの投手を打たなければ、全国制覇はおろか、甲子園出場もままならない」ということが明確にわかったことが、何よりの収穫でした。

少しでも緩めたら甲子園出場すら危うい

そうして2年後には春のセンバツに17年ぶりに出場して、準々決勝にまでコマを進めました。夏は7年ぶりに甲子園に出場しただけでなく、あれよあれよという間に決勝に進出。最後は智弁和歌山に3対6で敗れたのですが、彼らの世代が素晴らしかったのは、監督である私が何も言わなくても自発的に練習してくれたことでした。

たとえばノックで、二塁手がエラーをしたとします。すると他の内野手から、

「何そんな球はじいとんじゃ、ボケ！」

「練習で手え抜くのもええかげんにせえよ！」

という罵声が飛んでくる。すると二塁手が、

「やかましいわボケ！　もう一丁いったるわ」

と言ってノックを受ける。

またダブルプレーの練習をしていたとき、遊撃手からの送球が低く、一塁へ満足な送球ができなかった二塁手は、

「おいショートの送球が低すぎるから、一塁へまともに放れないやんけ。もっとしっかりオレの構えたところに投げたってくれや」

こうした指摘をするのです。

このように、私が言いたいことを選手同士で言い合ってくれたこともあり、私が川口の世代を指導した1年間で叱ったのはたった1回だけしかありませんでした。

それだけに常に「甲子園で勝つ」ことを目標に掲げ、「少しでも緩めたら甲子園出

場すら危うい」という危機意識を持って普段の練習で取り組んでいたことは、このチームが躍進するための大きな力となっていったのです。

もしこれが、選手の誰かがノックで捕球ミスや送球ミスをしても、「しゃーないわ。ドンマイ、ドンマイ」という声が飛んでいたらどうなっていたでしょうか。私は傷口のなめ合いばかりしている、負け犬集団になってしまったのではないかと思っています。それを踏みとどまらせたのが、彼らが自発的に持っていた危機感でした。

「この程度の練習で音を上げているようでは、甲子園は狙えない」

そうした危機感を野手全員が持っていたのです。

このことは川口をはじめとする投手陣も同様でした。彼と同学年の控えピッチャーで奥原耕三という選手がいたのですが、川口がランニングで長距離を走り出すと、奥原も負けじと長距離を走り、どちらが先に上がるかを競っているかのような熾烈さには、私も思わず、「おい、もうええ加減そのくらいにしとけよ」とブレーキをかけるほどでした。お互いの力量を認め合い、ちょっとやそっとではへこたれない――。そんな気概が彼らにはあったのです。

93年の「サボり癖のついた、やる気のない人材しかいない」」、さらに一つ下の「下手な人材しかいない」世代を経て、それから3年後の川口たちの世代で大きな躍進を遂げました。その裏には、「甲子園で勝つ」という目標と、「少しでも緩めたら甲子園出場すら危うい」という危機意識があったことを、みなさんにもお伝えしておきたいと思います。

原田の眼

危機意識が選手の自主性を育む

川口知哉インタビュー

監督の信念に基づく指導を実践していく

**1997年、甲子園を沸かせた大投手は今、
龍谷大平安高校野球部のコーチを務めている。
鮮烈な投球が今も多くの高校野球ファンの
脳裏に焼きつく存在だ。
同コーチに話をうかがった。**

川口知哉　かわぐち ともや

1979年8月25日、京都府生まれ。平安3年のときの1997年、第69回選抜大会と第79回全国選手権大会にエース兼4番として出場。春は準々決勝に進出、夏は準優勝に輝く。井川慶、能見篤史と並んで「高校生左腕三羽ガラス」と呼ばれた。この年のドラフト会議でオリックスから1位指名で入団するも、思うような成績が残せずに2004年に現役引退。引退後の10年から日本女子プロ野球機構の京都アストドリームスのコーチを3年間務め、13年から2年間、サウス・ディオーネの監督を務め、18年オフに女子野球の活動が休止するまで指導者としてキャリアを積んだ。21年5月に学生野球資格を回復、22年4月1日付で母校の龍谷大平安で職員として勤務しながら、野球部のコーチに就任した。

選手には、もっと自信を持ってプレーさせたい

2022年4月1日から平安のコーチに就任して以来、はや1年が経ちました。夏に京都予選の決勝で負け、秋も3位ながら近畿大会に進出。そこで準決勝進出という成績を残したことで、第95回選抜野球大会に42度目の甲子園出場を果たしました。こう考えていくと、わずか1年ながら月日が流れるのはあっという間だったように思えます。

僕自身、さまざまな紆余曲折を経て、再び母校のユニフォームに袖を通せる日が来るなんて、驚きとともに喜びもひとしおです。あれはたしか5、6年前のこと、インターネットのニュースサイトに、原田監督が「川口を呼び戻したい」という主旨の記事がありました。周りからも、「お前、平安に戻るんか?」と聞かれましたが、自分でもゆくゆくはそういう形になれたらいいなとは思っていたのです。

そうこうしているうちに、僕が指導をしていた女子プロ野球が休止となってしまい、原田監督のところに今後の身の振り方について相談に行きました。すると監督が学校に掛け合ってくれて、1年くらい協議した結果、母校の野球部をコーチとして指導することが決まったのです。

いざ平安のユニフォームを着てみると、身の引き締まる思いがしました。同時に、今の高校生と接して感じることは、「僕たちの頃とは感覚が違う」ということです。

たとえば近畿は大阪桐蔭を筆頭に、履正社、智弁和歌山、智弁学園、報徳学園、天理と、高校野球ファンなら聞きなれている学校がありますが、ウチの選手たちが他の強豪校を見た途端、「うわ、大阪桐蔭や」「おお、報徳学園がいるわ」と自分たちで立ち位置を決めてしまっているような感じを受けました。

僕が高校生のときは違いました。たとえば近畿大会の開会式で他校と一緒にいると、

「おっ、平安や。あれが川口か」

「ユニフォームからしてカッコええな」

などと言われ、他の強豪校から目標にされていたのに比べると、今の平安の子たちは、他の強豪校を目標にして戦っている気がしてなりません。チャレンジャー精神があるのはいいことですが、もっと胸を張って、「オレたちは平安なんや」と堂々とした立ち居振る舞いをして、時には強豪校相手でも相手の力を正面から受け止める。その結果、真っ向勝負で戦い勝利する……という存在であってほしいのです。

そのためには、彼らに大切なのは、「自信を持ってプレーすること」。こう言っては

なんですが、格下の相手には堂々と振る舞い、格上の相手だとシュンとしてしまうようでは、近畿はおろか、全国でも勝ち抜くのは厳しいと思います。

それならばもっともっと技術を高める練習をするべきですし、自分自身を精神的に追い込んで厳しい練習に身を投じるのもいい。技術を高めるだけの練習では、メンタルは鍛えられませんし、メンタルばかり鍛えていては肝心の技術の向上がおろそかになる。このあたりの練習方法についてはバランスが必要ですが、僕は今の平安の子たちは「鍛え方次第ではまだまだ伸びる」と思って期待しているんです。

たとえ大阪桐蔭と当たろうとも、

「大阪桐蔭がなんぼのもんじゃ！　やったるで！」

という闘争心が内面から湧き出てほしいと思っています。

平安高校時代の孤独なハードワーク

今から29年前の1994年の秋。当時、中学3年生だった僕は、進路をどうするか考えた結果、「平安に行こう」と決めました。中学時代に在籍していたボーイズリーグの「京都宇治ペガサス」の監督が平安出身で、なおかつ原田監督と面識があったことから、平安にしたというのが本当のところです。

中学時代の僕のポジションは、ファーストか外野。投手はほとんどやっていませんでした。なぜなら僕よりもコントロールのいい投手がいましたし、僕自身も投手に対するこだわりというのはほとんどありませんでした。

それに当時は打撃に自信がありました。打撃練習の時間が来ると僕は毎回楽しみにしていたのです。それだけに、「高校に進学したら、野手で勝負しよう」と考えていました。

けれども原田監督は、僕を「平安で起用するなら投手で」と、入学前から考えておられたと、後に監督から直接聞きました。中学時代の僕のプレーを何度か観に来ていただいたときに、すでにその構想は描かれていたそうです。ですから僕は入学してからすぐに、「野手ではなく投手として練習させよう」と決めていたとも監督から聞きました。

一方、所属していたチームの監督からは、こんなことを言われていました。

「平安の練習は、京都の学校のなかでもトップレベルと言っていいほどキツイ。覚悟しとけよ」

なので、それなりに心の準備はしていたつもりでした。

実際に入学してみると、話に聞いていた以上にハードでした。毎日のように長距離走やダッシュ系の下半身を鍛えるトレーニングメニューを、練習の間ずっとこなしていました。本数をこれだけこなしたら終わり、というものではないんです。4時間、5時間は当たり前。ときにはグラウンドの外を走っていることもありました。

「オレは野球をやりにきたのにな。なんで陸上部みたいなことを毎日やっているんだ?」

そんな思いを毎日抱いていたのです。

そのうえ延々と走らされているのは、1年生のなかでは僕一人だけ。あとのみんなも体力強化のメニューをこなしていますが、1日中、ボールも触らず走ってばかりいるということはありませんでした。それだけにたった一人で行なう走り込みの練習には、孤独しか感じていませんでした。

当時の僕は、期待されているから厳しくしてもらっているとは考えていましたが、「しんど。いつになったら終わるんやろな」と毎日考えていました。

斉藤和巳さんと対戦して感じた衝撃

入部してから早い段階で、原田監督から登板のチャンスをいただきました。1年生の春から続く練習試合で投手として先発するたびに好投しました。僕の投球フォームは膝を折って、一度身体がググっと下に沈み込んでから腕を振って投げるのですが、打者はタイミングをとるのにひと苦労で、1巡目、2巡目はすんなり抑えられていたのです。

初めの頃は、「おお、なんとか抑えたな」と安堵しながらマウンドを降りていたものですが、投げるたびに相手チームを抑え続けたことで、ピッチングの面白さとともに、「こうすれば抑えられる」というコツのようなものも少しずつつかんでいきました。

その結果、1年生の夏の京都予選も、先発で起用してもらえるまでに成長したのです。けれども初戦で対戦した相手は、南京都。後にダイエー（現・ソフトバンク）にドラフト1位指名された斉藤和巳さんが3年生のエースとして君臨していました。

斉藤さんの噂は、当時からよく耳にしていました。

「ドライチレベルの投手が南京都におるらしいな」

「背が高くて、ごっつう速い球を放るヤツらしいで」

それが斉藤さんだったのですが、この試合では二つの衝撃がありました。

一つはバックネット裏にスカウトの方たちが陣取っておられたことです。それまでプロのスカウトというのは見たことがなかったのですが、斉藤さん見たさに大人の集団がグラウンド内を鋭い眼光で見ている。僕が見られているわけではなかったのですが、「うわー、めっちゃ緊張するわ」と内心穏やかではなかったのです。

もう一つの衝撃は、斉藤さんの投げるボールでした。左打席に入ってマウンドから思い切って腕を振り下ろして投じられたボールを見た僕は、たった一言、「はやっ！」と驚きました。おそらく140キロは優に超えていたと思いますが、それまで見たことのないボールの速さとキレに、「こんなの打てるわけあらへんわ」とあっさり白旗を上げてしまいました。

試合は結局、2対5で負けてしまいました。当然ながら負けた悔しさはあったのですが、同時にこうも思いました。

「斉藤さんのようなボールを投げることができたら、ドライチ候補になるんやな」

試合には敗れましたが、僕のなかで「プロを目指すなら、斉藤さんのようなボールを投げられるようになるべき」と目標設定ができたことは収穫でした。残り2年間で、斉藤さんのような位置にたどりつけるかもしれないし、そうならないかもしれない。

けれども目標を達成するためには、一にも二にも練習が必要なんや――。そう思うようになったのです。

それからは原田監督からどんなにきつい練習メニューを言い渡されても「しんどい」と思うことは徐々になくなっていきました。もしも練習で「しんどいな」と思うような場面が出てきたら、左打席で見た斉藤さんのボールを思い出すようにしていたのです。野球ではよく「負けから学ぶことはある」と言われますが、僕より圧倒的に上の実力だった斉藤さんの投げるボールを見て目標設定ができたことは、後の僕の高校野球人生に大きな影響を与えてくれました。

甲子園のマウンドでは自然と緊張はしなかった

3年間のうち一度は甲子園に出場したい――。そう思いながら練習を重ね、2年秋の京都大会で優勝、近畿大会では準々決勝で奈良の郡山に1対2で惜敗しましたが、翌97年春のセンバツに晴れて出場することになりました。平安としては17年ぶりのセンバツ出場だったのですが、僕にとっては初めての甲子園。初めて行ける聖地に、どんな場所なのかと期待に胸を膨らませていました。

初戦の相手は石川県の星稜。あの松井秀喜さんの母校であることも知っていましたし、僕たちが高校1年のときには夏の甲子園の準優勝に輝いた強豪です。僕は「やってやろうじゃん」という気概に満ちていました。

いざマウンドに上がると、バックネット裏までの距離が近く感じて、お客さんの顔もよく見えました。「思ったより緊張していないな」というのが一番の印象です。

原田監督からは、試合前に「試合中に白い歯だけは見せるなよ」ときつく言われていました。試合中の笑顔は、「緊張感がなくなってエラーやチョンボにつながるから」というのが理由で、「ゲームセットとなる最後の一球まで気を抜くんじゃないぞ」と注意されていました。同時に、「試合の勝ちが決まったときには笑顔を見せてええぞ」と言われていました。試合に勝ってうれしくなるのは当然の気持ちだ。だから素直な気持ちを表現しなさい、というのが原田監督の考えでした。

春は星稜、日南学園と破ったものの、準々決勝で報徳学園に敗退。「夏も絶対にここに来よう」と誓って、京都予選を勝ち抜き、再び聖地のマウンドを踏みました。初戦の県立岐阜商業、続く高知商業、浜松工業、準々決勝で徳島商業、準決勝の前橋工業と破って決勝に進出。最後は智弁和歌山に3対6で敗れてしまいましたが、僕にとってはかけがえのない、充実した夏を過ごした印象が強く残っています。

なぜ「ビッグマウス」と呼ばれてしまったのか

高校3年の夏の甲子園でいえば、僕はマスコミから「ビッグマウス」と呼ばれるようになっていました。高知商業、徳島商業、前橋工業の3試合で2ケタ奪三振、2試合の完封を記録。僕自身は、「チームが勝つためには相手をゼロに抑えることだ」と考えながら投げていたのですが、勝ち上がっていくごとに、「次の目標は何ですか?」とマスコミに聞かれていました。

当初は「2ケタ奪三振を狙います」「完封します」と言っていたのですが、2回戦の高知商業戦で2ケタ三振と完封の二つを同時に達成したときに、「次のもっと大きな目標は何ですか?」と聞かれたので、「これは言わそうとしているな」と感じていたのですが、あえてそこに乗っかって、「完全試合を狙いましょうか」と言ったのです。

2ケタ奪三振、完封と来たら、その上はノーヒットノーランか完全試合しかありません。決勝まで勝ち上がったことで、「あと一つ勝てば優勝や」という思いもありましたが、それ以上にあのマウンドでこれまで以上にベストピッチングをしたいという思いのほうが強かったのです。

一方で決勝は生まれて初めて4連投することになっていて、身体の不安は正直ありました。これまで練習試合で2連投、3連投することはあったのですが、4連投ともなると未知の部分があったので、「どうなるのかな?」という不安もあったのです。決勝戦の朝、体力的に「かなりきつい」と感じていました。3連投目となる準決勝の朝は、肩周りの動きが悪いなと感じていたものの、下半身には疲れを感じていなかったので、変化球主体のピッチングで行けばどうにかなると思っていました。けれども翌日はそうはいかなかった。原田監督にもコンディションのことは伝えていたのですが、早めに代えて継投で行くというゲームプランを聞いていたので、今の僕の力でできる限りのことをするつもりでした。

ただ、相手の智弁和歌山打線は、全国屈指の打力を引っ提げて勝ち上がってきたチームです。小手先だけのピッチングでは通用しませんでした。

今振り返っても、春と夏の2回の甲子園を経験できたのは、今でも僕の財産となっています。よく「春に甲子園に行って天狗にならなかったのですか?」と聞かれたのですが、僕は「夏の甲子園出場を目指す」のと同時に、「1年の夏に見た斉藤さんに並んで超える」ために練習をすることだけを考えていました。つまり、天狗になる考えと時間がなく、ひたすら頂上に登ることだけに没頭していたのです。

その結果、僕自身のレベルも上がり、いつしかこの年のドラフトの目玉と言われる存在にまで成長できたことは、大きな自信となったのです。

プロに入ってすぐに経験したフォームの改造

この年の秋のドラフトで、僕はオリックスから1位指名を受けました。正直、このときまで僕は斉藤さんに並んだのか、あるいは超えることができたのかどうか、わからずにいましたが、この年のドラフト1位の12人のうちの一人に選ばれたということは、正直なところ光栄な気持ちでいっぱいでした。

ただし、プロのレベルというのはいったいどれほどのものなのか、僕にはまったく見当がつきませんでした。高校とは比べものにならないほどレベルが高いことくらいは想像できましたが、それよりはるか上を行くというのは、いったいどれほどまでのものなのか、僕はこの目でしっかりと見てみたいという好奇心もあったのです。

入ってみるとプロの選手の動きは、僕の想像をはるかに超えていました。体力や技術もさることながら、守備においてのムダのない動き、投手のストレートのキレや変化球の精度、コントロールのよさなど、すべてが異次元でした。

「とんでもない世界に来ちゃったな……」

というのが、プロ入り1年目での春季キャンプの印象だったのです。

それに一流の選手ほど、毎日「これは必ずやる」と決めているものはルーティーン化されていることに気づきました。イチローさん然り、田口壮さん然り、谷佳知さん然り……一軍でバリバリレギュラーで活躍している人ほど、それが顕著に表れていて、「妥協する」という言葉とはまったく無縁の人たちでした。

一方で僕は、入団1年目から投球フォームの改造を二軍の投手コーチからアドバイスされていました。僕の投球フォームは、軸足となる左膝を「折る」という動きを入れてから左腕を振り上げていく動作につなげていくのが特徴でした。

ところがコーチから提案があったのが、「左膝を折るという動きをなくした投球フォーム作り」。この改造によって、上半身と下半身の流れがまったくつかめなくなりました。

しばらくしてから、僕は左肩を痛めました。夏の甲子園の決勝のときでも、左肩が張ることはあっても、痛くなるようなことはなかった。それだけに左肩を痛めたということは、僕にとってショックが大きかったのです。

そこで入団2年目になってから投手コーチと再度話し合った結果、「元の投球フォームに戻す」ことにしました。高校時代に結果を出していたフォームのほうが、僕も立ち直るきっかけを早くつかめるとコーチが判断されたからでした。

どうしても身体がついていかない

けれども現実は残酷でした。元のフォームに戻そうと思っても、一向に戻らないのです。左肩を痛めたことで腕のしなりがなくなり、左膝を折ってから腕を振り上げようとすると、それまでと同じようには上がらなくなってしまう。シャドーピッチングではうまくできていたのですが、ボールを持った途端にまったくできなくなってしまうのです。

この頃は高校時代のビデオも何度も何度も見返しました。けれども頭ではイメージできるのですが、身体がどうしてもついていかない。ブルペンに入って投げれば一球投げるごとに違和感の連続で、隣の捕手のところに投げてしまうこともあったのです。投げれば投げるほどめちゃくちゃになっていく——。この当時は正直、野球に対して面白さを感じず、向上心がまったくありませんでした。ピッチングをやればやるほど、下手くそになっていく自分に嫌気がさしていたのですから、面白さなんてあったものじゃありません。

入団4年目以降は、自分の将来についてあれこれ考えるようになりました。本来であれば、野球で稼ぐことを念頭に置いて考えればいいのでしょうが、僕自身、技術的に向上するとは思えなかった。こうしたネガティブな思考に陥ってしまうと、あとはただ下に落ちていくだけでした。

2004年のオフ、オリックスから戦力外通告を受けました。その後トライアウトも受けたのですが、僕にとっては現役を続けるための、というよりも、「プロ野球人生にけじめをつけるため」の色合いが強かったのです。

プロ生活7年間で、9試合に登板して0勝1敗——。僕がプロの一軍の世界で残した成績です。

女子野球で気づいた指導のコツ

プロ野球引退後は、「僕に何ができるんだろう」と思いながら、住宅の外装関係の仕事をする傍ら、少年野球の指導を行なっていました。プロの世界では辛いことばかりでしたが、根っから野球を嫌いにはなっておらず、引退してほどなくしてから、「どんな形でもいいから野球を教えたい」と考えるようになっていきました。

そうした最中に、女子プロ野球が創設されることになり、僕にコーチのお声がかかりました。それまで「野球は男の世界のもの」だと思っていたのですが、女子にどうやって教えたらいいのか、いろいろ思案しながらのコーチングでした。

このときあることに気がつきました。それは「少年野球であれ、女子野球であれ、教えるポイントは一緒だ」ということです。

たとえば投手の場合、注意すべきポイントとして挙げられるのは、「腕が思い切り振れる位置で投げられているのか」「身体の軸の部分で最大の出力で投げられているのか」という二つです。いずれもが一定にならないと、安定したコントロールとキレのあるボールが投げられない。このことに気がつくまで、そう時間はかかりませんでした。

ただし、新人選手の場合は、入部してから3ヵ月くらいはあえて何も言わないようにしていました。このことは、女子野球のときだけでなく、平安のコーチをしている今でも継続して行なっていることです。

僕がもし、「あれ？　おかしいな」と思っても、毎日トレーニングを積んで数週間もしたら、自然とよくなっていくこともありますし、一時的にフォームを崩してしまっているだけなのかもしれないと考えるからです。

一方で、「この部分は直したほうがいいかな」と考えたとしても、肩や肘、股関節、膝などを痛めたりしないというのであれば、僕はあえてそれ以上は何も言わないようにしています。その人の持っている身体の特徴でもあるので、そこに「修正ポイントだから」と言って手直しをしてしまうと、それまでのよかったものを失ってしまうかもしれない。そう考えたら、あえて触れずにそのままにしておくというのも正解だと考えているのです。

けれども身体のどこかを痛めてしまった、あるいは技術的に不調に陥ってしまったと判断したときには、「ちょっとこうしてみるのもいいんじゃないかな」とアドバイスを送るようにしています。

僕の経験上、コーチがあれこれ口出しをしてしまったがために、その選手の長所だと思われているところを失ってしまったとしたら、言われた本人が辛いのはもちろんのこと、コーチに対する信頼度も薄らいでしまいます。それだけは絶対に避けなければなりませんし、適切なタイミングで適切なアドバイスを送って選手がよくなれば、「この人の言っていることは正しい」と選手たちも判断してくれます。

ですから選手にとって聞き入れてくれるタイミングと選手の心に響く言葉を探すとも、コーチの役割の一つではないかと考えているのです。

「原田野球」を徹底させていく

平安は原田監督がいて、選手たちがいる。その中間の位置にいるのが僕です。僕が平安のコーチとして取り組まなければいけないのは、「監督がやりたい野球を選手にやらせる」ということです。

今の平安の野球は、言い換えれば「原田野球」。それは何かと言われれば、「隙を見せない野球をすることで勝機を見出す」――。これは原田監督の信念に基づく考えだと思っています。

たとえば投手であれば、2アウトまでポンポンと取っておきながら、次の打者にはいとも簡単に四球を与えてしまう。相手にしてみれば、「よっしゃ。まだまだ行けるで」と活気づきかねない。攻めた結果の四球か、油断した結果の四球かは、プレーを見ていればよくわかりますが、油断した結果の四球であれば、それは相手に隙を見せたのと同じ意味合いを持ちます。そうしたミスを減らしていくことが、僕の役割の一つだ

と思っていますし、相手に隙を見せた野球を続けていれば、甲子園での勝利どころか、京都予選さえ勝ち抜くことができないと思います。

そのためには、試合の段階で「できている」ことが重要であり、「今やっている」ということは許されません。練習段階では「今やっている」というプロセスはあって然るべきでしょう。課題があれば選手と一緒に試行錯誤しながら考え、一つひとつクリアしていく。そうしたプロセスを経て、試合では「できている」状態に持っていかなくてはなりません。

このことは私生活だって同じです。寮生活はもちろんのこと、学校生活においても勉強にしっかり取り組ませる。一般生徒の前できちんとした立ち居振る舞いをする。普段の生活から隙を見せるようなことをしてしまったら、間違いなく野球にも影響してきます。「普段の生活と野球は密接している」と、僕は考えています。

オリックス時代のイチローさんが、まさにいいお手本でした。グラウンド上だけでなく、宿舎に戻ってからも自分が定めたルーティーンをこなし、24時間、身体のメンテナンスを怠らずに過ごす。決して隙を見せることなく、厳しく自分を律していたからこそ、45歳まで現役生活を送れたのだと、僕は考えています。

甲子園は本当にいいところです。今年の選手たちは春のセンバツ出場を果たしましたが、夏は春より熱く盛り上がります。3年間の高校野球生活で悔いを残すことのないように、楽しさやうれしさ、厳しさ、難しさのすべてを経験にしてもらいたい。そのためにコーチの僕が、原田監督と選手の間に立って、最大限のサポートができるよう、これから先も力を発揮していきたいと考えています。

第3章 選手の育成に大切なこと

「下手な人材しかいない」ときは「伸びしろしかない」と見るべきだ

あくまでも平安野球部の場合、という注釈がつきますが、伝統のある組織が低迷する原因は少なくても二つはあると私は見ています。一つは、「サボり癖のついた、やる気のない人材しかいないこと」、もう一つは「下手な人材しかいないこと」です。

捕球すらまともにできない選手たち

一つ目の「サボり癖のついた、やる気のない人材しかいないこと」については、第1章（「信念を持つこと」は、指導者に必要なスキルの一つである）でも挙げた通りですが、二つ目の「下手な人材しかいないこと」についても、大きな問題だととらえています。

あれは93年の夏のことでした。サボり癖のついた、やる気のない3年生たちの高校野球が終わり、新チームは10人の2年生が中心となってやっていくという状況になったとき、私は練習を見て驚いたのです。

まず、キャッチボールをまともにできる子が2人しかいませんでした。とんでもない悪送球をする子もいれば、満足に遠投を行なうことができない子などがいたのですが、一番衝撃だったのは、相手が投げたボールをまともに捕球できない子がいたことでした。

キャッチボールを開始してしばらくしてから遠投をさせていたときのこと。突然、鼻から血を噴き出している子を見つけたのです。

「どないしたんや⁉　そんなに血を出して、何があったんや？」

私が心配してその選手に聞くと、「ボールが鼻に当たりました」と言うではありませんか。私は続けざまに、「ボールを見ずによそ見していたんか？」と聞くと、

「いや、ボールを捕ろうとして空振りして捕球ミスをしてしまったのです」

こう言われて私は困り果てました。

「キャッチボールのボールも受けられないんか……」

結局、その子をすぐに病院に行かせると鼻を骨折していたことが判明。その後、顔にガードをはめて練習に加わりました。

話はこれだけにとどまりません。ティーバッティングをやらせていると、空振りばっかりしている子がいる。下からフワッと投げているボールを空振りするなんておかしいなと思ってよくよく見ていると、バットを握る手が上と下で逆だったのです。

「おい、構えている手が逆や。だから当たらんのや」

そう言ってバットの持ち手を入れ替えさせると、カツンカツンとボールがバットに当たるようになったのです。まるでコントのような話ですが、このとき私が本気で、「このままだと平安の野球部は潰れてしまうわ……」と危機感を抱いたのは言うまでもありません。

けれども、ここで匙《さじ》を投げてしまっては、何のために平安野球部の監督になったのかわかりません。私に課された使命はあくまでも「平安野球部を再建すること」。そのためには、少々のことでは驚いていてはいけないと、デンと構えていることを心掛けました。

向上心を見逃さない

しばらく彼らの練習ぶりを見ていると、あることに気がつきました。それは「野球部の練習にクラブ活動と同じような感覚で参加していた」ことでした。技量的には物足りないどころか、「下手くそ」と呼べるレベルでしたが、「何とかして今よりうまくなりたい」と自分を追い込んだり、自分に厳しい練習を課すということはせずにいたのです。

そこで私は、バッティングから走塁、守備にいたるまで、気になった場合に適宜アドバイスを送り続けつつ、練習の強度も少しずつですが上げていくようにしました。すると、少しずつですが、一つひとつのプレーが上達していったのです。

先ほどお話しした「サボり癖のついた、やる気のない人材」だったこの世代には、どうにかしてサボることばかり考えていましたが、この世代には「もっとうまくなりたい」という向上心があったことを私は見逃しませんでした。この点を生かすためにどうやってうまく刺激を与えてあげればいいのか、そのことばかり考えて私は指導にあたっていたのです。

さらに前の世代と違って、今目の前にいる彼らはグラウンドにいる私の姿を探そうとはしませんでした。つまり、私がグラウンドにいようがいまいが、変わらず練習ができる子たちだったのです。この点からも「練習を積み重ねていきさえすれば、少しずつでも上達していくはずだ」と、私は見ていました。

向上心があるということは、言い換えれば、「成長していくだけの伸びしろがある」ということです。その部分にうまく刺激を与えてあげることで、1ヵ月、2ヵ月と時間が経ったときには間違いなくスキルがアップしているはずだ――。そう考えたのです。私は打撃、走塁、守備とすべてにおいて丁寧に指導し続けました。すると少しずつですが、全員が上達していきました。

その世代の最後の夏の京都予選ではスターティングメンバー9人中、3年生2人、2年生6人、1年生（投手・川口知哉）で臨み、初戦で南京都に2対5で敗戦してしまいました。

この94年世代の子たちのことを私は「長男坊」と呼んで、今でも年1回のOB会で顔を合わせては当時の出来事に思いを馳《は》せて話しています。彼らが下手なりに野球と真摯《しんし》に向き合ってくれたことで、次の世代以降につながると確信しましたし、私自身、今でも感謝の気持ちを持っています。

繰り返しますが、指導者は下手だと思っている選手たちほど、懇切丁寧に指導してあげることが大切だと思っています。下手くそということは、まだまだ成長するだけの伸びしろを持っている可能性が高い――。みなさんもそのことを肝に銘じ、期待しながら指導にあたってみてください。必ずどこかのタイミングで急成長していくはずです。

原田の眼

下手な分だけ伸びしろは無限大

「親に対する感謝の気持ちがない」選手は獲らない

選手たちに必ず教えなければならないこと、それは「親に対する感謝の気持ち」です。

親の誕生日を知らない子

今、何ひとつ不自由なく平安で野球ができているのはなぜか？　それは、自分たちの親が一生懸命汗水流して働いてお金を稼いでくれているからです。私はどんなに野球がうまい子でも、「野球ができて当たり前だと思うなよ」と釘を刺すようにしています。

今の時代、「昔に比べて親子のコミュニケーションが希薄になった」と言われていますが、そんなときだからこそ「親子でコミュニケーションを図るうえで大切にしなければならないこと」について、見つめ直していかなければならないと考えています。

その一つが「親に対する感謝の気持ち」であるというわけです。

以前、平安への進学を希望している中学校の野球部員で実際にいたのが、「自分の親の誕生日を知らない子」でした。プライバシーの問題があるので、本当は聞いてはいけないのですが、私はあえて、

「お父さん、お母さんの誕生日を知っているか？」

と聞いた際に、「いいえ、知りません」と言うのです。どんなに野球の技量が高くても、このような中学生は絶対に獲りません。なぜなら「親に対する感謝の気持ちが欠けている」からです。

「親の誕生日を知らない」と言ってきた中学生とは、こんな会話のやりとりをしました。

「毎年自分の誕生日に親から『おめでとう』って言われないか？　誕生日プレゼントだってもらえるのちゃうんか？」

「言ってもらえますし、プレゼントももらいます」

「それならお父さんお母さんの誕生日に『おめでとう』くらい言わんのか？　そのあとに『いつもありがとう』を言っていないのか？」

こう言うと、その中学生は途端に黙ってしまいました。

考えてもみてください。自分が親になったとき、子どもが自分の誕生日を知らなかったら悲しくないでしょうか。そうした当たり前の教育が家庭でできていないような子は、私はどんなに野球がうまくても獲りません。

親がどれだけのお金を出しているか、考えさせる

さらに進路を相談された際、「大学に進んで野球をやりたい」と言う子に対しては、必ずこんな話をしています。

「大学に進んだ場合、どれだけのお金がかかるか知っているのか？」

大学4年間でかかるお金は何も授業料だけではありません。野球部に入って寮に入ればその分のお金がかかりますし、たとえば関東の大学に進んだら、親が息子の晴れ姿を見に応援に来ることだってあるかもしれない。そうなると交通費や場合によっては宿泊費だってかかることも考えられます。このように大学の4年間でかかるお金をすべて換算していくと、1000万円どころで収まる金額ではなくなっている可能性が高いのです。

「お前さんが高校3年間、何ひとつ不自由することなく野球ができたのは、お父さん

お母さんが一生懸命汗水流して働いてくれたおかげや。大学に進んだら、高校以上にお金がかかる場合もある。もし大学でも野球を続けるのであれば、そのことを肝に銘じて高校以上に一生懸命やらなければいけないんや」

親はわが子が一つの物事に打ち込んでがんばっているだけで「よし」と思ってくれるもの。それだけに、子どもも親のありがたみを知って野球に打ち込んでもらいたい――。当たり前のことのように思いますが、私はあえてその点を子どもたちに指摘しなければならないと強く思っているのです。

それにもかかわらず、「これまで野球を続けてきたのだから、大学まで続けてお金は親に工面してもらえばいいや」という漠然とした考え方だと、ただ時間が過ぎていくだけで、「何のために野球を続けたんや」ということになりかねません。大学まで野球を続けるのであれば、とことんまで技術を追求するつもりで真剣に打ち込む。そのくらいの気概がなければ、４年もの間野球に没頭することはできないものです。

「高校も大学も野球を続けられるのは、親の資金援助とサポートがあってこそだ」、この感覚を子どもたちが必ず持ち続けることができるよう、指導者は教え続けなければならないのです。

「原田の眼」

親の存在の大切さをわからせる

「忘れ物が多い」のは、考える力がついていない証拠

プロ野球の世界に進んだ選手だからといって、必ずしも人間性までもが優れているというわけではありません。

ユニフォームを忘れ続けた岡田悠希

世間は大谷翔平選手（現・ロサンゼルス・エンゼルス）こそが、「まさに野球選手の鏡である」と称賛していますが、全員が全員、大谷選手のようにはいかないもの。人間なのですから短所だって存在します。

ただし、「注意して直せるような短所」であれば、私は見逃さずに口酸っぱく注意しますし、時にはペナルティーを与えることだってあります。今の高校生は親も含めた大人に怒られる機会が少ないので、ルールを守らなかった場合はきちんと教育する必要があると私は思うのです。

21年のドラフト5位で巨人に指名された岡田悠希がまさにそうでした。平安のグラウンドは、京都市内の郊外にあり、両翼100メートル、センター120メートルという広さを誇りますが、岡田はそれをものともせず、さらに右中間の100メートルの高さのある照明塔をはるかに超え、距離にして130メートル級の本塁打を放ったこともありました。16年春のセンバツの1回戦で明徳義塾と対戦したときには、「5番・レフト」で出場。バックスクリーン右へ特大のホームランを放ち、以降注目され続けました。

彼と同じ学年には当時、早稲田実業で注目されていた清宮幸太郎（現・日本ハム）や、履正社の安田尚憲（現・ロッテ）、22年シーズンに史上最年少で三冠王を獲得した九州学院の村上宗隆（現・ヤクルト）らがいたのですが、岡田も有望株と見られていました。

ところが、高校時代の岡田は忘れ物をよくしていたのです。あれは彼が高校1年のときの秋の近畿大会の1回戦でのこと。試合に出場する予定だった岡田を見ると、帽子をかぶっていないことに気がつきました。

「お前さん、帽子はどないしたんや？」

するとと岡田は、「寮に忘れてきました」と言ったのです。「誰かから借りたらどうなんや」そう言ってスタンドで応援している選手から帽子を借りたのですが、その後もこれだけでは終わりませんでした。

平安は公式戦の試合前の練習では、練習用のユニフォームを着て行なうようにしています。試合用のユニフォームで練習をすると、汗をかいたり汚れたりしてしまうので、練習用ユニフォームを着させているのです。けれども岡田は試合前の練習で、肝心の練習用のユニフォームをやはり寮に忘れてしまったというのです。私は「何考えとんじゃ！」と叱りました。以降、岡田の同級生を忘れ物係に任命し、彼が試合前に忘れものがないかどうかを徹底的にチェックするようにさせたのですが、これは苦肉の策以外の何物でもありませんでした。

たしかに岡田は甲子園で特大のホームランを打って以降、プロからも注目されていましたし、実際に高校の3年間で34本の本塁打を打ち、その身体能力は評価されて当然でした。けれども私は「高校からプロに行かせても絶対に通用しない」と考えていました。なぜなら「頻繁に忘れ物をする」ということは、すなわち「考える力」がついていないということの証明だったからです。

少しのミスが命取りになることもある

試合で大事なものは、グラブやバット、スパイク、バッティング用の手袋、そして「試合前の練習用のユニフォーム」もあって然るべきなはずです。それにもかかわらず、岡田は帽子や試合前の練習用のユニフォームといった大事なものを平然と忘れることが多かった。こうした忘れ物が多いのは、「持っていかなければならない大事なものは何か」について、細かく考えていないからです。

そのうえ忘れたものに対しても、「しまった」という恥の概念もなく、平然としている。これを「堂々としている」「肝っ玉が据わっている」と見る人もいるでしょうが、一社会人として評価したら絶対にあってはならないことなのです。

考えてもみてください。もし大事な商談の場で、必要な資料を会社の自分のデスクに置き忘れてしまっていたらどうなるでしょうか。平然という心境ではいられないはずですし、「しまった」という後悔の念が先に出てきたとしてもおかしくないはずです。

それにこうした取り返しのつかないチョンボをして商談が不調に終わってしまうと、

「アイツには大事な商談は任せることができない」と職場の上長から厳しく採点されてしまい、結果、閑職に追いやられてしまう……なんてことだって大いにあり得ます。

それにプロ野球の世界に進んだからと言って、ただ野球をやっていればいいというわけではありません。チームごとに守らなければいけないルールはあるはずですし、それを破るようなことがあったら何かしらのペナルティーが発生します。「試合前に着る練習用のユニフォームを忘れてしまう」というのは、守らなければならないチームのルールをいとも簡単に破ってしまっている。この程度の考えの持ち主では、プロの世界では通用するはずがない――。私の目には高校時代の岡田がそう映っていたのです。


そこで岡田は高校からすぐにはプロには行かせず、法政大学に進学させました。東京六大学というレベルの高いリーグに入って野球の技術を高めるだけでなく、同時に大学の寮生活のなかで一般的な社会常識も学んでほしいという私の願いもありました。

下級生の頃はなかなか試合に出られなかったものの、大学3年春から頭角を現し、大学4年の秋のドラフト会議で、縁あって巨人に入団することが決まりました。

私が岡田をスカウトしていただいた巨人の高田誠さんに、「岡田は巨人でやってい

けるんですか？」と訊ねると、

「高校時代もそうでしたし、大学時代の彼のこともよく見聞きしていましたが、真面目にあれこれ考えながら野球に取り組む姿勢を見て『行ける』と判断したんです。きっと彼はやってくれると思いますよ」

そう答えてくれたのです。高田さんの言葉を聞いて、「少しは成長してくれたかな」と安堵しました。

12球団のなかでも巨人はレギュラー争いの競争が激しいだけでなく、規律やルールの面でも厳しいことで知られています。ルーキーイヤーは一軍で22打席のうちわずか2安打しか打てませんでしたが、オフに平安のグラウンドにやってきたとき、彼のマメだらけになった手を見て、「プロの手になっているな」と感心しました。

この先成功するのかどうかは、彼自身の力で活路を見出していくしか方法がありませんが、高校時代のようなチョンボをせずに、考えながら1日1日の時間を大切に過ごして、一軍定着、あわよくばレギュラーになってほしいと期待したいのです。

「原田の眼」

守らなければ
ならないことは
どの組織にもある

相手のことを調べること。それが仕事への評価につながる

相手のことを徹底的に調べ上げる――。これは野球に限らず、他の仕事にも大いに生きてくると考えています。このことの大切さを実感したのは、日本新薬で野球を引退して営業部に配属されたときでした。

未知の分野だからこそ徹底的に研究する

当初は戸惑いました。半年間、研修を受けてから現場に行くことになったのですが、何しろ私は高校を卒業してからすぐに日本新薬に入りましたし、営業の仕事で必要と思われる薬学の知識などまったくありません。それに営業の世界というのは競争ですから、誰一人としてノウハウを教えてくれるわけでもないのです。

営業に配属された当初は、夜の10時、11時まで連日残業していました。私はおもに病院の先生を中心に営業を担当していたのですが、思うような成果が上げられないままでいたのです。薬学の知識を勉強すると言っても、周りを見れば薬学部を卒業した営業マンばかり。付け焼刃の知識だけでは到底対抗できません。

当初は先生に直接名刺を渡しても、

「日本新薬……なんやごっつう体しとるな。やっぱり野球をやっとったんか？」

と言われてはいたものの、会話はそこで終わってしまいました。「何か爪痕を残さないかん」と思っていても、思うような成果が残せずにいたのが、私自身本当にもどかしかったのです。

さらによく見てみると、彼ら営業マンは医局のなかで壁側にズラリと並んで立ったままでいる。先生方と話をするために順番待ちをしているというわけです。

「薬学の知識もなく、彼らと同じように〝壁の花〟になっていては、この先も間違いなく彼らに追いつき、追い越すことなどできない」

そこで私が着目したのは、得意先について徹底的に分析することでした。先生の家族構成や趣味、誕生日などをノートに記入して、何月何日の何時に訪問した、ということまで書いたのです。私は行政区の3つのエリアを担当していたので、3冊ノートを作りました。そうして1回、また1回と訪問するごとに、どんな話をしたとか、感触はどうだったのか、というように、活動の内容も事細かに書いていきました。

すると、薬学の知識はなかったにもかかわらず、先生方が少しずつですが私に心を開いてくれていろんな話をするようになったのです。ある先生が京都の「都をどり」が好きだとわかったらその観覧席のチケットを取ってきたり、野球が好きだということがわかったら、人数分の観戦チケットを確保するなどして、人間的なお付き合いができるまでになりました。

日々を記録することが成果につながる

こんなこともありました。私が病院の先生に名刺とパンフレットを渡し、その場から立ち去ろうとすると、私が渡したものすべてをポイッとゴミ箱に捨てられてしまいました。そこで私がゴミ箱からそれらを拾い直して、

「先生、これはちょっともったいないんじゃありませんか？」

そう言うと、「何だ君は！　失礼だな」と叱られたのですが、翌日も「昨日はすみ

ませんでした」とあいさつをすると、「また来たのか」と言われつつも、少しずつ会話をするようになっていったのです。そうして仕事の話へとつなげていく、ということも実際にありました。

そうして先生方とひとしきり話を終えて医局の壁側に目をやると……相変わらず薬学部出身の営業マンが順番待ちをしています。あるとき、彼らの一人からこんなことを聞かれました。

「この仕事をどのくらいやっているのですか？　見るからにずっと長くやっているように思えたのですが」

そう聞かれたので、「半年前から始めたばかりの新人です」というと、「えっ⁉」と驚いた表情をされたのを、今でもよく覚えています。

相手のことを調べる習慣を身につけたのは、野球をやっていたおかげです。その日の練習中に気になることがあったらノートに記録しておく。それを毎日コツコツ続けていたわけです。それが数ヵ月、あるいは1年先に読み返したときに、「あのときどんなことを考えながら野球をやっていたんだっけ」と思い出し、打撃や守備、走塁の忘れていたプレーの基本を思い出す、なんてこともありました。

野球をやっていたことで培ったスキルを、仕事でも発揮させることは大切なことです。今の時代は昔と違って野球のことしか知らない「野球バカ」は通用しません。そのことを指導者は理解して、指導にあたっていただきたいと思います。

「原田の眼」

気になることはノートに記す

高校生には「プロの技術」は必要ない

高校生を教えるにあたって必要のない情報としては、「プロの高い技術」を一番に挙げます。そう断言してしまう最大の理由は、「体力や筋力の強さ、スピードなど、あらゆる野球の質が、プロと高校生とでは比べものにならないほどに違う」からです。

一流のプロ野球選手と高校生の違い

今の高校生は、打者で言えば大谷翔平選手や、ソフトバンクの柳田悠岐選手に憧れていることが多いのですが、両者に共通しているのは、フルスイングして遠くに飛ばすことです。その際、アッパースイングだけをしていると思われがちですが、打撃フォームを細かく見ると、スイングする当初はダウンスイングから入って、途中でアッパースイングに変わるという、いわゆる「V字型のスイング」の軌道で振っていることがわかります。

そのことを知らずに、ただアッパースイングをしているだけだと、間違いなくスイングに変なクセがついてしまい、それまで難なく打てていたはずの、高さやコースのボールが途端に前に飛ばなくなってしまう、なんてことだって十分に考えられます。

それに大谷選手や柳田選手は、プロの世界で長年にわたって計画的に肉体改造を行なった結果、あれだけのパワーと技術が身についたのです。それにもかかわらず、高校生が3年間野球をするなかで、彼らのようになるのは到底不可能だと私は見ています。

唯一、プロ野球選手で教科書のようになるとしたら、落合博満さんの打撃です。「遠くへ飛ばす」ということ以上に、引っ張ったり、センター方向に打ち返したり、反対方向に打ち分ける技術は実に基本に忠実で、打撃フォームの一連の流れやスイングの軌道は高校生のお手本となると見ています。最近、落合さんはYouTubeを始められていますが、打撃の話をしているときには私も見るようにしています。ボールの呼び込み方やインコースのさばき方などは、理にかなっているからです。

それ以外にも、アマチュアの関係者、とりわけ「名門校の元高校球児」と呼ばれる人がYouTubeチャンネルを開設し、野球の技術に関するさまざまな動画を上げていますが、あまり参考にしていません。なぜなら教えている人の言葉が、わかりやすいようで実際は複雑だったり、「自分では理解しているつもりだけれども、他人が聞いたらよく理解できない」ということも往々にしてありがちだからです。参考にした結果、打撃がおかしな方向に行ってしまうということも十分考えられますので、そうなるくらいなら余計な情報は入れないほうがいい、と私は考えているのです。

参考にすべきはプロではなくOBの声

私が野球の技術を参考にさせてもらうとしたら、大学、社会人に進んだOBの意見です。たとえば捕手をやっているOBでしたら、

「盗塁を刺しに二塁へ送球する際、一連の動作はどうしているの？」

「構えで大切にしていることは何かある？」

というように、実際のプレーで取り入れている技術を聞くことで、大学、社会人の最新の情報を入手するようにしています。守備の技術でしたら、高校生でも取り入れることができるので、私はこうした意見は重宝しているのです。

プロのトッププレイヤーの技術を取り入れるのではなく、その選手の体つきに合わせた技術の指導を、指導者の方たちはしてほしいと思います。

「原田の眼」

発達途上の高校生に合った指導をしていく

スコアブックのつけ方を覚えさせるのは、大きな意味がある

私はすべての部員に対して、「スコアブックをつけられるようになりなさい」と必ず言うようにしています。野球をやっていれば誰もがつけられるんじゃないかと思う人もいるかもしれませんが、実際はそんなことはありません。むしろ技量に長けているレギュラー選手ほど、スコアのつけ方を知らないことが多いのです。

傾向と対策を分析できるようになる

スコアをつけられるようになると、「前のプレーから予測することができる」というメリットがあります。たとえば相手の４番を打つ右打者がショートゴロを打った場合、スコアには「６―３」とつけます。これは「ショートからファーストへ送球してアウトになった」ということです。すると、次に対戦するときに、前の打席と同じ投手だと、「前の打席はショートに打っている」というスコアが参考になる。つまり、「引っ張って打っていた」ことがわかります。

スコアにはストライクやボール、ファールといったカウントもつけられますし、空振りしたことがわかる記号もあります。それだけに、スコアをつけられるようになると、前の打席は何球目に打っている、あるいは誰がヒットを打って、誰が凡退しているのか。チャンスやピンチの場面でどんなプレーが出ていたのかなど、こと細かにわかるのです。

たとえば相手の攻撃のときには、このような傾向がスコアでわかります。

右、左のそれぞれの打者は、どの方向に打球が飛んでいる傾向が強いのか――。

走者が出たときには、単独スチールがあるのか。それともヒットエンドランやバスターエンドランといった、チームとしての作戦を用いることが多いのか――。

相手チームがチャンスの場面では、早打ちさせるのか。じっくり待ってくるのか――。

追い込まれてから粘ってくる打者がどれくらいいるのか――。

もちろん自軍の攻撃のときも、相手投手の傾向を見るのにスコアブックは役立ちます。相手投手は初球からストライクを投げてくる傾向があることがわかれば、「初球を狙っていきなさい」という指示を送ることができますし、打者が引っ張って打ち取られている傾向がわかれば、「ボールをしっかり引きつけて、反対方向に打ち返しなさい」という指示も送れます。

このように傾向と対策を分析できるのも、スコアブックの読み書きができるからこそです。その結果、たんに感覚だけでプレーするのではなく、頭を使ってプレーすることも可能となるのです。

考える習慣

社会人野球の日本新薬に在籍していたとき、ほとんどの先輩がスコアを読むことができました。頭を使ったプレーができるのも、スコアに何が書かれているのかがわかるからだと、私も教わりました。

もともと私はノートに書く習慣を持っていましたので、スコアのつけ方についても少しずつ覚えていきました。時にはランダウンプレイが発生しますが、その場合のつけ方も先輩から教えてもらいました。すると、たんに打って、投げて、走って、守っていう単純なものではなく、一つひとつのプレーについて「考える習慣」が身についてきました。これは私にとって大きな財産となりましたし、指導者として必要不可欠なスキルとなっていったのです。

繰り返しますが、「スコアのつけ方を知らない」高校生は案外多いものです。小学校、中学校の段階では「指導者だけが知っていればいい」と考えている指導者もなかにはいるようですが、私はできれば部員全員がスコアブックのつけ方を知っておくべきだと思って指導にあたっています。

たしかにチーム内でレギュラーでいるうちは、「技術を高めることだけに専念させるべき」と考えておられるかもしれませんが、高校、大学へと進んで野球を続けていると、それまでと同じ状況とはいかなくなることも多い。つまり、自分がレギュラーではいられない場合、スコアブックの読み書きができることで、ベンチワークのできる選手としてチームから重宝されるのだと、多くの指導者は知っておいたほうがいいと思います。

「原田の眼」

スコアが書けるとベンチワークができる

「補欠の溜まり場」は甘えの心がもたらすもの

控え選手に陥りがちな「甘えの心」は、グラウンドの一角に存在します。

志を忘れて、無駄な時間を過ごすべきではない

私がノックを打っていたり、試合のときにベンチにいたりすると、平安ボールパークの一塁側、三塁側のところでちょうど死角になる場所ができます。そこに控えの選手が必ずと言っていいほど溜まっておしゃべりをしているのです。私はその場所を、「補欠の溜まり場」と命名し、大きな紙に書いて貼り出しています。

毎年春に入部して来る新入部員は、この貼り紙を見ると必ず、「なんだこれは?」というような不思議な顔をして眺めています。なぜこのような一文を書いて貼り出したのか、彼らにこう言って説明するようにしているのです。

「レギュラーを目指さない選手がここに溜まっては、時間を無駄に浪費してばかりいる。ここにいるならグラウンドに出てもっと練習せえよ、という叱咤激励の意味も含めて命名したんだよ」

実際、「補欠の溜まり場」という貼り紙を貼り出して以降、この場所に溜まる部員はピタッといなくなりました。そのような効果もあるんだと、新入部員に説明すると、「なるほど、そんな意味があったんですね」と驚くのと同時に、納得した顔をしているものです。

そもそも補欠の選手が私の目を盗んで「補欠の溜まり場」にいるようではなんだか情けない気がしますし、「そもそも何のために平安野球部に入ったんや？」ということにもなります。

入学前は、平安でレギュラーを獲って甲子園を目指す――。おそらくここに来る選手全員が、そうした青写真を描いていたはずです。けれどもいざ入部してみると、レギュラー選手のレベルの高さに驚き、戸惑い、そして「オレは無理や」と弱気の虫が出てしまい、妥協するようになってしまう。こうした状況はできるだけ避けなければなりません。

仮に実力でレギュラーになるのは無理でも、他のことでチームに貢献できることはないかと探したっていいのです。先ほどベンチワークの話もしましたが、スコアブックをつけられるようになったり、ベースコーチャーの仕事を覚えるようにしたっていい。

最終的に補欠になったとしても、「補欠の溜まり場」でムダな時間を過ごすのではなく、そこから離れて有意義に時間を使って何か一つでも野球にまつわるスキルを獲得してもらいたい——。私はそう考えています。

野球に限らず、補欠の選手たちが集まってしまう場所というのは、屋外であれ屋内であれ、必ず出てきてしまうものです。そうした締まりのない場所を見つけ、あえて注意書きを施しておくのも、選手の行ないを戒める、有効な方法になるのではないかと思います。

「原田の眼」

レギュラーに なれなくても、できる ことはたくさんある

「プロ野球選手のモノマネができること」は技術の向上に有効だ

いい選手になるための第一歩として、「モノマネができること」は重要です。なぜならいい選手の特徴をとらえることで、自分の技術にもよい影響を与えてくれるからです。

いい部分はマネをしてどんどん取り入れる

私は左打ちで、父親が阪神ファンだったので、当時活躍されていた藤田平さんや遠井吾郎さん、掛布雅之さんといった左打者の打撃フォームをマネしていました。マネをしてみて、「これは合うな」と思ったものはどんどん取り入れていました。反対に、「これは違うな」「自分には合わないな」と思ったら捨てていく。自分の身体に合わせて好打者と言われている人の打撃技術を取り入れることは、大切なことだと考えていましたが、この考え方は今でも変わりません。

たとえば打撃一つとっても、10人いれば10通りの構え方があります。そうしたときにどこを見るべきなのか。軸足の体重のかけ方なのか、バットを構えた位置なのか、ステップしてからのバットの始動の部分なのか、この問いに正解はありません。誰の、どの部分を参考にしていくのかによって、技術の習得度合いは大きく変わってきます。

残念なことに今の高校生は、こうしたモノマネを行ないません。YouTubeの動画で情報収集はできるものの、プロの選手の技術を参考にしようとはせずに、チャンネル登録した人の話を聞いて、「何となく理解した気になっている」ことが多いのです。

私からも個々の選手にアドバイスをすることはありますが、一度言ったことを翌日にはケロッと忘れていることもよくあります。「自分はここを注意されたから、修正してみよう」と意識していないため、淡々とこなして終わってしまいがちなのです。

平安野球部では、毎年11月に私の同級生が主宰する「監督を応援する会」がバーベキュー大会を開催してくれるのですが、そのときに「H－1グランプリ」を開催しています。これはプロ野球選手らのモノマネなどを披露して、誰が一番うまいかを競わせているのですが、実際にモノマネのできる選手は年々少なくなっていて、私にしてみたら非常に残念です。

プロ選手は日々、研究をしている

この点で言えば、ファン感謝デーなどで披露するモノマネを見ると、一流のプロ野球選手ほど、モノマネがうまいことがよくわかります。打撃フォームに限らず、投球フォームや、牽制球の投げ方にいたるまで、実によくポイントをとらえているなと感心してしまうのですが、これはその選手のことをこと細かく見ているからこそできるのです。

プロの選手はただ打って、投げて、走って、守っているわけではありません。相手チームにいるライバル選手の、「得意なところはどこか」「何か弱点になるところはないのか」というのを徹底的に映像で見て研究しています。だからこそ、モノマネもうまくなっていくということもあるはずです。

いい選手はどういう特徴を持っているのか。それを自分の技術として、どうすれば取り入れることができるのか――。そうした目を養うことも、一流の野球選手になる第一歩になるはずだと、私は考えているのです

「原田の眼」

他の選手のいい部分を自分のモノにするための目を養う

京都商業にどうしても勝てなかった3年間で学んだこと

私の高校時代の3年間は、甲子園にまったく縁がありませんでした。私が入部したときの監督だった藤森文人さん、後の西村正信さんからは、細かい技術を教わったことはほとんどなく、「根性、忍耐、気合」を前面に押し出した精神野球でした。ミスをしたら怒鳴られるだけではなく、ときにはゲンコツが飛んでくる、そんな時代だったのです。

一方で私の世代は「強い」と評判でした。1974年に春夏連続で出場して以来の甲子園も夢じゃない、そう期待されていたのです。私が2年生の春の京都府大会で優勝。夏の選手権京都大会では3回戦敗退。新チームとなり、秋の京都府大会で優勝。近畿大会では初戦、天理に1対3で敗退したものの、翌年春の京都府大会で優勝。近畿大会準優勝といった好成績で、意気揚々と夏の選手権京都府大会へ臨みました。

そんな私たちの3回戦は、勝山五郎監督率いる京都商業（現・京都先端科学大学附属）でした。この年代の京都商業は、秋・春とも敗退をしていました。ただ、夏の選手権

コラム 02

京都府大会は2年連続優勝を飾っている強敵でした。

試合開始前、相手の先発投手を知って驚きました。予想していた左のエースではなく、2年生のサウスポー・清川栄治投手だったのです。後にプロ野球の広島、近鉄で活躍した選手で、現在は西武の二軍総合投手コーチを務めています。

清川投手は私より学年が一つ下でしたが、中学時代に夏の大会で一度対戦をしたことを思い出しました。投球練習中のボールを見ると、ストレートは速く、スライダーは鋭く曲がり、カーブも大きい。中学時代とは比べものにならないボールを投げていたのです。

当時は、今のように相手投手のデータや打者の傾向などを把握するためのビデオなどはありません。そのため、相手投手のストレートの球筋や変化球の確度など、前もってつかむ術はありませんでした。実際に対戦し、経験を積んでいくなかで対応していくしか方法はありませんでした。平安のOBが京都商業の練習を見て、「左投手でいい球を投げている子がいた」という情報はありましたが、あまり気に留めることもなかった記憶があります。

実際に、清川投手のスリークォーターから投げられるボールを見たとき、「この球を打つのはちょっと厳しいな……」と感じていました。試合は進み、左打者6人の我が平安は、2対6で敗退、私は高校3年間で一度も甲子園に出場することができませんでした。そして、この夏の甲子園に出場したのは3年連続の京都商業だったのです。後に聞いたのですが、左スリークォーターの清川投手は、左打者6人の平安に対しての隠し玉だったそうです。

勝山五郎監督は、京都商業の黄金時代を築かれ、1981年の第63回全国高等学校野球選手権大会で準優勝、1990年に退任し、熊本県の城北の監督に就任されました。

私が97年に平安に戻ってから、翌年、京都商業のOBを介して勝山監督に連絡を取りました。自己紹介とともに「勝山監督、野球を勉強させてください。熊本に行かせてください」と伝えました。

「原田君、覚えているよ。熊本に来なさい」と快く了承していただき、春休みには3年続けて熊本に行き、教えを請いました。勝山監督には、私の礎となっている、高校野球の基礎を学ばせていただきました。

ある日の食事中、突然、勝山監督が「1番・松崎、中華料理屋の次男。2番・柴田、右打ちがうまい。3番・原田、長男、気迫を全面に出す男。最初の打席でヒットを打たすと絶対にあかん選手。4番・渡辺、これも長男」と、当時の平安のスタメン選手の特徴を次々と話されたのです。そして、あの夏は平安に勝つためにサウスポーの清川投手を育成し、他府県の左打者の多い学校を選んで試合を重ね、用意周到で平安を倒した、と言うのです。

勝山監督のその話を聞いて、私は唖然としました。あの夏、平安は京都商業に勝てるわけがなかったのです。だからあの3年間は、京都商業が夏の甲子園に出場したのだなと……。

勝山五郎さんの教えは、今でも私のなかでの大きな教訓になっています。

昭和十三年度
昭和二十六年度
第33回全国高等学校野球

準優勝
優勝

甲子園

VICTORY
第八十六回
選抜高等学校野球大会

第4章

今どきの子どもの育て方

今の高校生たちに「競争心」を植えつける方法

今の高校生の選手たちに欠けているもの、それは「競争心」です。

親が子どもの競争心を奪っている

野球において、昔は必ずライバルがいて、「コイツに絶対勝つんだ」という強い気持ちを持って競争していたものです。ウォーミングアップ中のダッシュにしても、隣をライバル選手が走っていたら、「絶対にコイツには負けへんぞ」と思いつつ、1本も手を抜くことなく走っていたものですし、ノックの練習でライバル選手がミスでもしようものなら、「よっしゃあ、オレはいいところ見せたろ」と内心ほくそ笑んでいたりしたものです。

けれども今は違います。野球においても子どもの数が少なくなっているために、競争してレギュラーポジションを奪い獲るというよりも、和気あいあいとした雰囲気のなかで楽しんでプレーしている。それでもいいという子は満足する環境なのでしょうが、いわゆる野球の強豪校に進学したいと考えている子どもの場合は、あえて厳しい環境を作り出したなかで練習をさせたほうが、後々厳しい環境に身を置くことになったときにプラスになるのです。

さらに競争心を低下させている問題がもう一つあります。それは「子どもの進路に対する親の考え方」です。

わが子を野球名門校に進学させた場合、大学はどんなところにパイプがあるのか、その先の就職はどうなっているのかなど、親のほうがいろいろと調べて進学させているケースもある。仮に甲子園の常連ではあるものの、レギュラー争いの激しいＡという高校と、甲子園にはなかなか出られないが、レギュラー争いが緩やかなＢという高校があったとしたら、親が選択するのは間違いなくＢです。なぜなら「競争が緩やかな分、レギュラーになれる確率が高い。そうなれば進路にも好影響を及ぼすはずだ」と、子どもの意思とは別に、勝手に子どもの未来設計図を描いてしまうのです。これでは子どもの競争心など伸びるはずもありません。

京都市醍醐にある毎日の練習グラウンドとなっている「平安ボールパーク」。ここには入り口からすぐ入ったところに「根性坂」という坂があります。その名の通り、傾斜の非常にきつい坂で、投手陣にはこの坂の下から上までのおよそ180メートルくらいをダッシュで駆け上がらせます。当然、きついことはきついのですが、「こなくそ！」と負けん気を働かせて駆け上がってくる子よりも、「あ〜もうダメや」とあきらめてしまう子のほうが多いのです。こうしたトレーニングを通じて、昔のように競争心をあおるということはほぼできなくなっています。

競争心をあおるタイミング

それでも競争心を養わせることはしないといけない。野球はどうしたって技術の優劣が明確になる競技ですから、ライバルとの競争に誰が勝って、誰が負けたかを明確にする必要がある。その結果、公式戦に出場できる選手とそうでない選手を選別していかなければならないのです。

そこで私は、平安に入ってきた子に対して、3年間のうちのどこかで必ず競争心をあおることをします。そのタイミングはズバリ、「3年生の最後の予選が始まる1～2ヵ月前」なのです。選手たちにあえて「ここが勝負やで」とプレッシャーをかけて試合に送り出す。そうして結果を出した子は必ずベンチ入りさせる、というのが私の指導法の一つになっています。

たとえば3年生最後の夏の京都予選を控えた6月の練習試合。ベンチ入りメンバーの当落線上にいる選手に対しては、はっきりとこう告げます。

「いいか。この試合、代打で出すからそこできっちり結果を残してみいや。そうしたら夏の予選のベンチ入りを確保してやるからな」

そうしてヒットを打った選手は、必ずベンチ入りをさせています。私の言葉をものともせずに、結果をきちんと残せることを実証してくれたわけですから、私も自信を持ってベンチ入りさせられるというわけです。

このことは投手に対しても同じです。ベンチ入りの当落線上にいる投手が、6月に練習試合で先発するときには、

「夏のベンチ入りがかかった試合や。ここできっちり抑えてみい」

そうして好投した投手は、やはり打者同様にベンチ入りをさせるのです。プレッ

シャーのかかる言葉を跳ねのけて、自分のピッチングを貫ける。技術だけでなく、ベンチ入りさせるだけの強いメンタリティーがあると私は評価するわけです。

3年生最後の夏の予選ともなると、勝ち上がっていけば必ず厳しい勝負どころの場面がやってきます。1点ビハインドの試合の最終回の攻撃で、2アウト満塁という場面がやってきて代打を送れば、何がなんでも出塁しなければ試合はそのまま終わってしまいます。投手にしても同じです。1点リードの最終回の守りでそのまま逃げ切れば勝利が決まるという場面で、きっちり抑えてもらわなければ勝てない。

こうした緊迫した重要な局面で起用される選手というのは、知らず知らずのうちにプレッシャーがかかり、平常心ではいられないものです。そこで技術だけではなく、弱い心に打ち克ち、なんとか打開しようとする強いメンタリティーが求められます。私があえて選手にプレッシャーのかかった言葉をかけるのは、こうした意味合いが強いのです。

レギュラー争いはもちろんのこと、ベンチ入りメンバーを争うのはたいへんシビアな世界です。なにせ結果がすぐに出るわけですし、それを基に私もジャッジメントをしていく。口で言うほど簡単なことではありませんし、そのことで私も毎年のように頭を悩ませるというのが正直な気持ちです。
けれども1年間、チーム作りをしていくなかで、「ここがメンバー人選の大切な場面となる」という状況は必ずやってきます。そうしたときに結果を残せる選手なのか、そうではない選手なのか、あえて私が言葉でプレッシャーをかけることで見極めることは重要だと考えているのです。

「原田の眼」

あえてプレッシャーをかけることもある

今の子どもたちに欠けている能力①「洞察力」

今の子どもたちに欠けている力を一つ挙げるならば、それは「洞察力」です。指導者として選手たちを教えて感じるのは、1年、また1年と年次を経るごとに洞察力が落ちているような気がしているのです。

洞察力があれば有利に働く

洞察力が欠けている理由は単純で、「今の子どもたちは、他人のやることに興味がないから」です。練習が終わって寮に戻ると、食事や風呂を済ませた後は野球談議をする……というのが理想ですが、現実は違います。一目散に部屋に戻って、スマートフォンをいじっているのが問題なのだと考えています。

スマホがない昔は違いました。みんなで野球の話をすることもあれば、プライベートの話をすることもある。そうして相手が何をどう考えているのかを知って、野球に生かすこともあったのです。けれども今は残念ながらそうはいきません。部員同士で話をせずに、ひたすらスマホをいじっているので、肝心な他人との交流にいささか欠けてしまっているというのが難点なのです。

野球には洞察力があれば、それだけ有利になることは間違いありません。なぜなら、「相手の出方を知り、それによって思い切ったプレーができるようになるから」です。

１９９７年の春のセンバツに出場したときにはこんなことがありました。平安は１回戦で星稜と対戦することになったのですが、事前に行なわれた相手の甲子園練習の様子をビデオ録画していると、エースナンバーを背負う右投手と背番号３番の左投手の２人がブルペンで投げていたのです。このときの平安の打線は、１番の奥井正憲に始まり、辻本裕哉、川口知哉、楠本正美、田中篤史、宮田芳弘と、９人のうち６人が左打者でした。そこで左投手が先発するだろうと予想していたのですが、その左投手がブルペンで投げている様子を見ていると、ピッチングに集中せずにソワソワあたりを気にしているように見えました。

私は試合前日のミーティングの場で、全選手を前にこう言いました。

「コイツ見てみい。ピッチングに集中しとらんやろう。おそらく野手をやりたいんやろう。先発してきたらマウンドで絶対不安に思っているはずやから、絶対つぶしたろうやないか」

試合当日、私の予想は的中し、左投手が先発で投げてきたのです。事前のミーティングで選手たちに伝えたとおり、初回から先制のチャンスをうかがっていると、打者5人のうち4人を出したところで早々とエースナンバーの投手に交代。この回に2点を先制して、5対3で平安が逃げ切ったのです。

洞察力を磨く遊びはドッジボール

こうした読みが当たったのも、私に洞察力があったからですが、これはどこで身についたものなのかと言えば、幼少期の経験が大きかったと考えています。たしかに社会人野球を13年間、経験していましたから、そこで培ったものもあったかもしれません。けれども私はそれ以上に、小さい頃の遊びが大きかったはずだと、今でも自負しているのです。

私たちが幼少の頃は、ゲーム機で遊ぶことがありませんでした。そもそもそんなものはまだ世のなかに誕生していなかったこともあり、遊びと言えばもっぱら外に出てということになります。そこで鬼ごっこや缶蹴りをしたり、ドッジボールをしたりする。これが洞察力を磨くにはいいんです。

たとえば缶蹴り。オニになったら隠れている子を見つけ出し、見つけたらその子の名前を言いながら空き缶を踏む、というゲームです。オニは「アイツやったらあそこに隠れているやろうな」と、隠れているところを予測しながら見回るのですが、このときに働かせるのが洞察力だというわけです。

また逃げている子も知恵を働かせて、一人がオニをおびき寄せて、もう一人がその間に缶を蹴り飛ばしてゲームをリセットする（オニに捕まっている子を解放する）、なんていうこともありますが、それをさせないようにあえてオニがおびき寄せられたフリをする、ということだってできるのです。

ドッジボールも洞察力を磨くのに効果的です。見ている方向の相手にボールを投げるのではなく、視線とは反対の方向の相手にボールを投げたり、相手がどこに投げようとしているのか、雰囲気を察知しながらコート上でプレーする、といったように、投げる、捕る、逃げる以外の要素も大事になってくるのです。
私は、「子どもたちに洞察力を磨かせたい」というのであれば、ドッジボールをおすすめします。野球の練習のなかで時間を決めて取り入れてみるのもいいでしょうし、みんなでワイワイ盛り上がって飽きずにできるというのも利点だからです。「野球の練習さえできればそれでいい」というのではなく、野球に必要な洞察力を磨く時間も、練習のなかで取り入れるべきだと考えているのです。

原田の眼

洞察力を磨く野球以外のトレーニングを取り入れる

今の子どもたちに欠けている能力②「自己表現」

自己表現ができること――。実はこれも、私たちの時代と違って、今の子どもたちに著しく欠けている能力です。

スマートフォンに依存する子どもたち

昔はそれこそ自己表現をする場所だらけでした。グラウンドではもちろんのこと、グラウンドを離れた学校生活においても、同学年の選手同士で活発に意見を交換していたものです。そうして同じポジションのライバルがいれば、バチバチに闘志を燃やし合って、3年生最後の夏まで熾烈なレギュラー争いが続くという光景を、私自身も体験してきましたし、監督になってから10年くらいはそのスタイルが当たり前でした。

ところが今は違います。小学生の頃から、「みんな仲良く平等に」という学校の先生の教えを守ってきているせいか、どこか遠慮がちなところがあります。たとえばノックのときでも、きつい罵声が選手間で飛ぶことはなく、監督である私が一番大きな声を張り上げている、なんてことも珍しくありません。

練習が終わったあともそうです。合宿所に戻って食事や風呂を済ませてから消灯までの間は、部屋でスマートフォンをいじってばかり。「スマホは部屋のなかでしか使用してはいけない」というルールを設定しているのですが、消灯前からあまりにも静かなので、「みんなもう寝たのかな」と思って選手がいるドアを開けてそっと覗いてみると、みんなスマホをいじっているのです。

他人への関心が薄れると洞察力は育たない

こんなこともありました。消灯時間になって寝静まったと思い、寮の外から部屋を見上げると、小さな白い明かりがはっきり見てとれたのです。私はその明かりが、スマホであることが即座にわかりました。ここ最近は選手同士で話をせずに、もっぱらスマホでいろいろな情報をチェックすることに勤しむ姿勢を、私は内心は快く思っていないのです。

たしかに平安は近年でも甲子園に出場していますし、23年春もセンバツに出場することができました。これはほかならぬ選手のがんばりがあってこそなのですが、私にしてみたら、

「もっと選手同士でコミュニケーションを深めて野球談議をすれば、チームはさらに強くなっていくんじゃないのか」

というもどかしさがあるのは本音のところです。このことは、全国の多くの高校の監督さんも私と同じことを考えているかもしれません。野球には勝ち負けがついて回りますが、勝負どころで強さを発揮できないというのは、他人への関心が薄れてしまった結果、「相手の動きや心理を読む力」、すなわち洞察力が育っていないからだと、私は考えているのです。

ただし、自己表現や洞察力が欠けているからと言って、「今の子どもたちは昔に比べて野球の技量が劣っている」などと言うつもりもありません。子どもたちが自己表現できないのであれば、監督が先頭になって自己表現できる場を作ってあげればいい。今は大人である指導者の役割が昔以上に多いのではないでしょうか。

「今の子どもたちは……」と嘆きたくなる気持ちもわからないでもありません。けれ

ども嘆く前に、指導者ができることは何かを考え、今どきの子どもたちの気質を知って、導いてあげることこそが、今の時代の指導者に求められている一つのスキルなのではないかと、私は思うのです。

原田の眼

自己表現の場がないなら、監督が用意する

未来を見据えて 精神的な面の自立を促す

私が選手たちの指導で最も力を入れているのが、「精神的に自立させること」。ここ数年に入学してきた子どもたちの様子を見ていると、自ら考えて行動する力が低下していることもあって、自立心を育てることの難しさを感じながら取り組んでいます。

自ら物事を考え、解決していく能力を育てる

私が平安の指導者としてスタートした90年代は、「オレが、オレが」と前面に出てくる子ばかりでした。それが97年の川口たちの世代は顕著に表れ、自己主張する選手が数多くいたのです。そのことで自然と「考える力」を養わせ、今取り組まなければいけないことや課題をどう乗り越えていくかについて、選手全員で話し合いながら解決していけるだけの思考と行動力がありました。

けれども今は違います。自己主張してくる子が少なく、どちらかというと遠慮しがちな子が多く、みんなの顔色を伺いながら、誰かが何を言ってくるのか身構えながら待っているところがある。物事がうまく回っているときにはそれでもいいのかもしれませんが、いったん困難な状況に陥ってしまうと、これといった打開策を誰かが講じるわけでもなく、悪い状況を解決できないままでいる――。その結果、私が先頭に立って発破をかけて、どうにか状況が好転していく、というケースがよくありました。

そこで私は、「選手を精神的に自立させること」というテーマを指導の一環に取り入れ、試行錯誤を繰り返していきました。たしかに高校では監督が常に指示を出して、選手をその通りに動かしていくことは可能ですし、そのほうが楽だと考えるのも無理もありません。けれどもこれではたんに「指導者の一方通行の指導で野球をやらせている」だけで、自立心を育成することができません。

甲子園出場を懸けた大一番の試合や、甲子園の舞台ともなると、どんなに監督が指示をしても、うまくいくとは限りません。グラウンド上でプレーしている選手が何かを感じて、「こうしたほうがいいんじゃないか」と打開策を講じるほうが正解だということも往々にしてあります。こうした自ら物事を考え、解決していく能力のある選手のほうが、高校を卒業して大学、社会人と進んでからも間違いなく人間的に成長していくものです。

たとえば練習のとき、全員を集合させたとします。いろいろな指示を出したり、練習が終わる際に監督が一言二言、選手全員に伝えるためにベンチ前に集まってもらうことは、どこのチームでもやっていることでしょう。

このとき、私が大切にしているのは、「全員の顔が私から見えるような位置に集まる」こと。選手が自分の存在をアピールする意味合いがあります。目立って自分の存在を指導者にアピールするということも、私は自立を目指していくうえで大切だと考えているのです。

私が考える「自立」

このほかにも精神的な甘えをなくすためにも、練習で追い込んでいきます。達成感を味わわせて、「ここまでできたんだ」という自信をつけさせる。それによって、「こんな練習をしなければならない、あんな練習もしなければならない」と自ら考える力がついてくる。私が考える自立というのは、「自分のなかにある課題を、どうやってクリアしていくのか」ということもテーマになっています。

最近の高校生は課題に向き合わずに、そのままにしていることが多い。それで万事がうまくいけばいいのですが、課題をそのままにしておくと、ここという場面で必ず手痛いミスにつながってしまうのです。とくに野球は顕著にそれが出てくるので、私は口酸っぱくなっても、選手たちに「自立」という言葉をよく使って指導にあたっています。

このほかにも選手の自立心を養うための方法の一つとして、「みんなの前でスピーチさせること」も行なっています。時間にして1分程度ですが、日替わりでみんなの前で、野球以外のテーマについて、あれこれ話をさせるのです。

こうしたことを得意にしている選手もいれば、みんなの前で話すのが苦手な選手もいますが、そんなことは関係ありません。「自分の考えや意見をみんなの前で言葉にする」ということは、社会に出たら必ず求められるものです。「野球の技術だけがうまくなればいいい」というのは、私に言わせれば指導者の驕りです。

高校の指導者は、高校野球を終えたその先にある、「選手を社会に送り出す」ことを念頭に置いた指導をしていかなくてはなりません。そのためには何を磨けばいいのか、あるいはどんな訓練をしていけばいいのかを考え、日々の野球部の活動のなかで実践していくということもしていく必要があると、私は考えているのです。

原田の眼

「選手を社会に送り出す」のが指導者の役目

「体罰」はダメだが、「叱ること」はやるべき

今の時代において、指導者が絶対にやってはいけないこと、それは「体罰」です。こう言うと当たり前のように聞こえるかもしれませんが、このことを心底理解していない指導者が高校野球界にも一定数はいます。

体罰は指導者のエゴ

昭和の時代は、体罰、しごきというのは当たり前に存在していました。平成に入ってからも、とくに２０００年代後半あたりまではそうした指導をよしとしていた指導者もいたはずです。

けれども平成の末期、さらに令和の今はそういうわけにはいきません。選手に体罰をしようものなら、そのまま現場から退場という結末がやってきてしまいます。

昔も今も、変わらず体罰を行なってきた指導者は、一度問題が表面化したとき、必ずこう言います。

「選手たちは誰一人文句を言ってこなかった。だから体罰を容認していると思っていた」

はっきり言って、こんな言葉は指導者のエゴに過ぎません。レギュラー選手であれば、「監督に少しでも反論すれば、試合で使ってもらえなくなるかもしれない」という不安を感じて、何も言えなかったと考えれば、この指導者の指摘は見当違いもいいところです。

かくいう私自身も、体罰やしごきで育った世代です。先輩の命令は絶対、指導者からは野球の技術を教えてもらえず、「アホ！　ボケ！」と罵声ばかりが飛ぶ毎日。指導者になってからも、就任当初は選手に手を上げることも正直、ありました。

けれども2000年代、10年代と長く指導者を続けていると、あることに気がつきました。それは、「子どもたちの気質が大きく変わってきたこと」です。具体的には、精神的に幼くなってきているように感じています。

野球の技術だけ見たら、昔より近年の子どもたちのほうがはるかにうまいのは確かです。昔は体力や根性はあったものの、今ほど野球の技術に関する情報がなかった。ですから打って、投げて、守って、走る。これらの練習をひたすら繰り返したのです。

けれども今は違います。野球の技術に関する情報も圧倒的に多いですし、バットやグローブ、スパイクといった野球道具も、昔に比べて格段に性能がよくなった。昔よりも技術がよくなるのは当然のことです。

さらにそれぞれの家庭で、子どもたちを「叱る」ということがなくなってきた。ゆとり教育の影響もあってか、「みんな平等で仲良くしていこう」という考えの下で小学校、中学校の学校生活を過ごしたことで、人間関係で揉まれずに育ってきたケースが増えてきたのです。

そうして育ってきた子どもたちに対して、高校に来て指導者がいきなり、「バカ野郎！」とゲンコツを食らわせたらどうなるでしょうか？　子どもたちは、

「えっ？　えっ？　今のは何だ⁉」

と精神的にパニックになってしまうことは間違いありません。つまり、今の高校生に体罰はあってはならないし、有効でもないのです。

叱りながら「気づかせる」

一方でこんなことも考えます。

「たしかに体罰はやってはいけないけれども、子どもたちが間違ったことや悪いことをしたら、『叱る』ことはしなければならない」

ここで「叱る」というと、「イコール体罰」と考える人もいるかもしれませんが違います。「子どもたちを正しい方向に導くために、何がよくないかを『気づかせてあげる』」ことが「叱る」というわけです。

子どもたちとの間にきちんとルールを設けていても、自分が思うように子どもたちが動いてくれない。あるいは自分以外の人に悪い影響を与えてしまうような行動をしたときには、彼らをよりよくしようと注意やアドバイスをするのです。このとき声を荒げて「コラッ！」と叱ってしまうこともあるでしょう。そのときは時間を置いて、叱った子どもとあらためて話せばいいのです。

「叱る」という行為において、昔も今も変わらないことがあります。それは、「お互いに信頼関係を築いているなかだからこそ、叱る行為が成立する」ということです。

実は問題化してしまう指導者ほど、このことをないがしろにして怒鳴りつけたり体罰を行なっているのではないでしょうか。

私の場合、たとえば練習試合でエラーをしたからと言って、頭ごなしに叱るようなことはありません。たとえば守備で思い切ってプレーした結果、エラーをしてしまったというのであれば、「なぜエラーしたのか」を考えさせて、次のプレーにつなげるように促していく。その際、守る位置は正しかったのか、捕球体勢に誤りはなかったのか、捕球してから送球までの一連の動作で間違った動きはしていなかったのかなどを検証し、間違いがなければ、

「技術的にまだまだ未熟なんだから、ノックしようやないか」

と言って練習をさせるようにしています。

けれども、野球部内で決められているルールを破ったときには、私は叱ります。誰もが守っているルールをないがしろにし、自らの独断であらぬ方向に行こうとしたときには、「それはこう考えなければいけないんだ」とたしなめることもあれば、きつい言い方をするときもあります。このとき大切にしなければならいのが、「叱った後のフォロー」になるというわけです。

私は昭和だろうが、令和の今だろうが、「叱る」ことは指導者として必要な行為だと思います。間違ってほしくないのは、感情をぶつけてしまうのは「怒る」ことであって、それが行き過ぎると「体罰」につながってしまうということです。この本を読んでいる人にとって、「叱る」とはどういうことが起きたときにしている行為なのか、自分自身にあらためて問いかけてみることも必要だと思います。

原田の眼

「怒る」と「叱る」は似て非なるもの

愛情を持って接するには、「アホ、ボケ」と言えることも大事

選手を指導することにおいて、大切なことは、「愛情を持って接しているかどうか」。

こう言うと、「私はできています」と考えている人もたくさんいると思います。

妥協してはいけないときがある

「愛情を持って接している」と考えている人たちに、こんな質問をしてみます。

「みなさんが選手に罵声を飛ばしても、選手はついてきてくれますか？」

私の言う愛情というのは、「選手に対して優しく接する」ことではありません。

「何しとるねん、ボケ！」

「もう辞めてまえ、アホ！」

というような叱り方ができるかということです。

そのためには何をすべきか。選手たちと信頼関係を築いていく以外に方法はありません。ここで言う信頼関係とは、指導者だけの一方通行の考えではない、選手も納得しているかどうかということです。

たとえば野球の技術を習得していくうえで初めて教えたことで失敗しても、私は絶対に叱りません。野球の技術をつかむにはコツというものが必要になってくる。ああでもない、こうでもないと試行錯誤を繰り返して、やがて自分の技術としてマスターできるのであれば、指導者はそのときまでじっと見守ってあげることも大切だと考えているのです。

けれども、やればできるはずのことができない――。寮生活のルールを守らなかったり、学校の勉強をおろそかにしている場合などについてもそうですし、野球においてもチームとしての決めごとを無視するようなプレーをしたときには厳しく叱ります。ときにはきつい口調にもなりますが、私は絶対に妥協しません。

こう言うと、私のやることは「厳しすぎる」「今の時代にそぐわないんじゃないのか」と思う人もいるかもしれませんが、私はそうは思いません。

考えてみてください。もし社会に出て、会社内で決められているルールを破ったらどうなるでしょうか？　あるいは仕事でイージーミスを積み重ねていたら、会社からどんな評価をされるでしょうか？　いずれの場合も一社会人として評価されないでしょうし、最悪「ウチの組織にはいらない」と判断されて窓際に追いやられてしまうことだって考えられます。

「誰も指摘してくれなかったから、わからなかった」という言い訳が通用するほど社会は甘くない。だからこそ高校の段階で「ダメなものはダメ」とわからせてあげることも大事だと思っています。

ふだん見ているからこそ「叱る」ことができる

そのうえ叱るということは、普段から一人ひとりの選手のことをよく観察しているからできるとも考えられます。部員が１００人いれば私は毎日１００人の顔を見ます。普段できているのに今日に限ってはできていない、あるいはいい加減にやっていたというのは、毎日の彼らの行動を把握しているからこそ叱れるわけです。

愛情とはなにも優しく接することだけではありません。ときには厳しく叱ることも愛情の一つなのです。最近は伸び伸び育てようと、ほめることをよしとする大人が多いですが、やってはいけないことやルールを守らないことについては、厳しく叱らなければ、後々損をするのは彼ら子どもたちです。そのことを念頭に置いた指導を、多くの指導者に行なってほしいと考えているのです。

原田の眼

優しく接するだけが愛情ではない

コロナから学んだ「あきらめることの大切さ」

毎年、甲子園出場を目標に選手たちを練習で厳しく鍛えていますが、監督として「甲子園を目指すことなく終わってしまうことの不条理さ」を経験することになるとは想像もしていませんでした。それが２０２０年の新型コロナウイルスの蔓延による、夏の甲子園開催の中止でした。

当たり前の日常が奪われた日々で

コロナの報道が出た直後、どれだけ危険性の高いウイルスなのか、メディアや自治体から出てくる情報を頼りに分析していました。ただし、学校生活も満足に送れない状況でしたので、選手たちへの感染だけは気をつけるように、当時よく言われていた「三密」になることだけは、野球部内でもできるだけ避けるように配慮していたのです。

けれども事態は悪化の一途をたどっていきました。プロ野球の開幕延期に始まり、東京オリンピックの開催を1年延期すること、さらに春のセンバツまでもが中止になってしまったのです。ちょうどこの頃、選手たちは実家へ帰して、4月7日に政府から出た緊急事態宣言が解除されるまでは静観するつもりでいました。

ところが、当初は1ヵ月程度とされていた緊急事態宣言の延期が決まってしまったのです。そのうえ夏の甲子園の開催まで雲行きが怪しくなっていく……。そうした不安は的中してしまいました。5月20日、日本高校野球連盟より第１０２回全国高等学校野球選手権大会の中止が発表されてしまったのです。

この直後、私は選手全員を招集することを決めました。選手たちもこのことはニュースで知っていましたが、それでも私から話をしなければ前に進んでいかない。そのことを肝に銘じて、選手たちを前にこう切り出したのです。

「おまえら、甲子園はもうあきらめろ」

彼らは京都予選で負けたわけでもなければ、何か不祥事を起こしたわけでもない。毎日コツコツと一生懸命野球をやっていたにもかかわらず、得体の知れないウイルスの前に無情にも甲子園をあきらめなければいけなくなったのです。

続けて私はこう言いました。

「あきらめることも大切や。どうしようもないことかもしれないけれども、コロナは仕方がない。今のままだと立ち止まったままで、一向に進んでいかない。あきらめることで新たに目標を作って次に進んでいかなあかんぞ」

選手は全員、私の目を見ていましたが、誰一人泣いていませんでした。私が考えている以上に、選手たちが大人だったことに救われた思いがしました。

その後、6月1日から学校が始まり、その1週間後に野球部の活動が再開されました。3ヵ月以上はまともに身体を動かしていなかったこともあり、まずは基礎運動と基礎練習を中心に時間を費やしました。

同時に心配したのが、「選手の心の状態」でした。たしかに練習では普段通りの表情でしたが、あれほど目標にしていた「甲子園出場を果たす夢」がコロナによって潰えてしまったのです。

目標を失った選手を前にして

とくに3年生の心中を察すると、気が気でありませんでした。彼らが1年生の夏、2年生の春にそれぞれ甲子園に出場していました。春（２０１９年）のときには2年生が4人ベンチ入りし、チームは準々決勝まで進みました。それだけに自分たちが最上級生となったときには「必ず甲子園に出場して優勝してやる」と並々ならぬ思いもあったはずだけに、まともに野球に向き合えるのかが心配だったのです。

実際、寮生活を送る選手のなかには生活リズムが乱れ、野球と真剣に向き合えていない者がいました。けれども私は本気で彼らを叱る気にはなれませんでした。

「目標がなくなってしまった選手に対して、『一生懸命やれ』と言うのは残酷すぎるんじゃないのか」

そうおもんばかってしまったのです。

私の指導者人生のなかで、疫病で野球ができなくなるなんて、一度も考えたことがありませんでした。当たり前の日常が、当たり前でなくなることの無常さを、私はこのとき初めて体験しました。

平安野球部の再建を使命だと考えて就任した93年から数年間は、私も辛抱しながらの指導でした。目に見えた結果として現れるまでには、それ相応の時間がかかりましたが、それは野球が存分にできる日常があってこそできることでもあったのです。コロナのような不条理なことで大切に掲げていた目標をあきらめざるを得ないこともあることを、このとき私は身をもって痛感したのです。

「原田の眼」

どんな状況でも野球さえあればいい

目標がなくなってしまったとき、どうしたらいいか

目標がなくなってしまった選手たちを一つにまとめるには、別の目標を作ってあげること。これもコロナで甲子園が中止になったときに学びました。

3年生全員で戦った最後の大会

6月8日、中止となった高校野球選手権大会・京都予選に代わる独自の大会が開催されることが決まりました。8ブロックによるトーナメント方式で、ブロックごとの1位を決める。7月11日から26日の平日を除く8日間で行ない、7イニング制にして8回以降はタイブレークを採用。平安はAブロックから出場することが決まりました。

練習時間は京都府と京都市の両教育委員会から発表された、「府立と市立の高校の部活動は原則2時間」というガイドラインに沿って、「1日2時間」と決められていました。コロナ以前は、平日は授業が終わってから1日4時間の練習をしていたので、それが半分の時間となってしまいました。けれども、代替大会が行なわれるだけでもありがたいと思っていました。

限られた時間のなか、私は打撃練習に多くの時間を割きました。学校がコロナで休校していた時期、それぞれ自宅の近所で自主練習をしていたとはいえ、バットを思い切り振って、ボールを遠くに飛ばす練習は全員できていませんでした。どんなに投手が相手打線を抑えても、打てなければ勝てない。そう考えた末の打撃練習だったのです。

私はこの大会だけは、「3年生全員で戦う」と決めていました。練習はもちろんのこと、対外試合さえもまったくできていませんでした。例年ですと、3月に練習試合が解禁となってからは、近畿の強豪校はもちろんのこと、横浜隼人や新潟の六日町、千葉の佐倉といった学校と練習試合を行なっていたのですが、そうしたこともすべてなくなってしまったこともあって、できる限り3年生には試合に出て最後の夏を有終の美で飾ってもらいたいと考えていたのです。

「今できることはすべてやった。この大会、すべて勝ちに行くぞ」

選手たちにははっきりそう伝えました。たしかに「甲子園出場」という目標はなくなってしまいましたが、「代替大会で優勝する」というのも立派な目標です。彼らの過ごした3年間が誇らしかったことを証明する意味でも、この大会は不条理な思いをした3年生全員の力で勝ち取りたかったのです。

初戦の京都工学院に4対0で勝利すると、続く洛星を10対0、嵯峨野を7対0、最後の京都成章との試合では7対0と、投手がすべての試合で完封し、見事にAブロックを制したのです。とくに最後の京都成章の試合では、3人の投手リレーでノーヒッターを完成させる出来でした。私はこの直後のインタビューで、

「最後に一番いいゲームができた。コロナで目標を奪われた彼らもやるせないと思う」

と言って思わず目を潤ませてしまいました。この直後、選手たちと話したのですが、涙を流している選手もいました。代替大会だったとはいえ、「持てる力を存分に発揮できた」という達成感からの涙だったのではないかと推測しています。

このとき私は、監督という立場で、「目標や目的がないなかでも努力し続けなければならない難しさ」を学びました。このことを解決する方法は今も見つかっていませんが、「別の目標を作って必死に向き合って成果を上げること」でしか事態は打開できないのではないか――。私はそう思っているのです。

『あの年の君たちへ』
～2020年 新型コロナウイルス
感染拡大防止により
選抜、選手権 中止～

原田の眼

目標がなくなったら、別の目標を作って成果を上げるしかない

コラム 03

天と地ほどの実力差を補うには、「ひたすら練習あるのみ」

圧倒的な、それこそ天と地ほどの実力差を埋めるための方法、それは練習する以外にありません。今の時代は選手の立場を尊重するあまり、「猛烈にしごくのは悪」という風潮がありますが、レベルの低い選手が、トップクラスの選手のレベルまでスキルを上げるためには、ひたすら練習あるのみだと、私は今でもそう強く考えているのです。

私は高校を卒業したあとの進路は、当初は大学に進学しようと考えていました。関東、関西の数多の大学からお誘いをいただいたなか、同志社大学への進学を考えたのですが、肝心のセレクションの前日に交通事故に遭《あ》ってしまい、その話はなくなりました。

続いて大阪商大へ進学しようと思ったのですが、合格通知が来た直後に母が入院。経済的に厳しいことから、社会人野球に進路を切り替えたのです。結果、京都に本社のある日本新薬にお世話になることが決まり、高校卒業後の1979年4月、社会人野球人生がスタートしたのです。

入部した当初は、先輩たちのプレーに圧倒されました。周りにいる先輩方は、言ってしまえば「おっさん」です。けれどもただのおっさんではなく、走攻守ともに俊敏に動ける人たちばかりで、私はどうにか練習についていくのがやっとの状態でした。

とくに圧倒的な実力差を感じたのが外野の守備位置です。私が守るよりも先輩方は7~8メートルは後ろに守っていました。当時の社会人野球は金属バットで打っていましたから、高校生よりもはるかにパワーを持った大人たちがえげつない打球を外野に飛ばしてくるので、どうしても守備位置が後ろになってしまうのです。その結果、打球に一足早く追いつくだけでなく、肩が強くなくては務まらない。高校時代、守備には自信のあった私でしたが、打球の速さに慣れるのにひと苦労でした。

それだけではありません。打撃も非力さを痛感していました。投手のキレのいいボールを打ち返すことができなくて、打球が内野の頭を越えていかないのです。打撃練習では一球、また一球と打ち返すのですが、外野の芝生のあたりまで打球を飛ばせればいいほうで、ほとんどの打球がゴロかポップフライとなってしまったのです。

そうした光景を見ていた先輩たちから、

コラム

03

「コイツを獲ろうと言ったのは誰や？」

「原田がどういう理由でウチに来たのか、誰か知っとるヤツはいるのか？」

「うちのチームでコイツに守らせるポジションなんて、どこにもないで」

私に対する否定的な評価の声が、あちこちから聞こえてきました。無理もありません。よく圧倒的な実力差のあることを「大人と子どもほど違う」と例えて言いますが、このときの私はまさに大人と子ども、いやそれ以上の実力差があったはずです。

「アカン。とんでもないところに来てしまったな」

私が日本新薬に来た直後に抱いた、偽りのない思いでした。

同時に、「このままではいつクビになってもおかしくない」という危機感を持ち、まずは基礎体力を上げるところから始めました。入社直前の2月、和歌山県田辺市で行なわれた強化合宿では、ウォーミングアップの段階で100メートル、50メートルダッシュを6キロ分相当行なったのですが、それだけでヘトヘトになってしまい、わずか数日いただけで「もう無理やわ。家に帰りたいな」と弱音を吐くほどでした。

それでも1日、また1日とどうにか先輩たちと同じ練習量をこなしていくと、少しずつですが基礎体力が上がっていった成果が見られるようになりました。内野の頭すら越えなかった打球が、外野手の正面まで飛ぶようになったのです。

「よっしゃ、もうしばらく辛抱して基礎体力を上げるトレーニングを続けていこう」

一方でパワーをつける練習、つまりウエイトトレーニングも5年目くらいから積極的に取り入れるようになりました。私が仕事で所属していた部署には、ラグビー部に在籍している先輩が多くいたこともあり、どういったトレーニングをしているのか見聞きしつつ、私も実際に試行錯誤しながらウエイトトレーニングに力を入れていったのです。すると3ヵ月、半年、1年と時間が経つごとに外野の頭を越える打球が飛ばせるようになり、先輩たちと一緒に練習してもどうにかそん色ないレベルにまで到達したのです。

さらに、阪神での現役時代に「牛若丸」と評され、その後、阪神の監督も務められて1985年には球団唯一となる日本一にもなられた吉田義男さんから、2キロ以上はある、鉛入りの木のバットをプレゼントしていただきました。吉田さんは山城、私の父は洛陽で野球をしていたときの同学年だったのが縁で、私が社会人野球に進んだと聞いて少しでも力になりたいと考えていてくださったのです。

「これはワシが現役時代に使っていたバットや。毎日素振りで使いなはれ」

いざバットを振ってみると、とてもじゃありませんが思うように振れません。言う

コラム
03

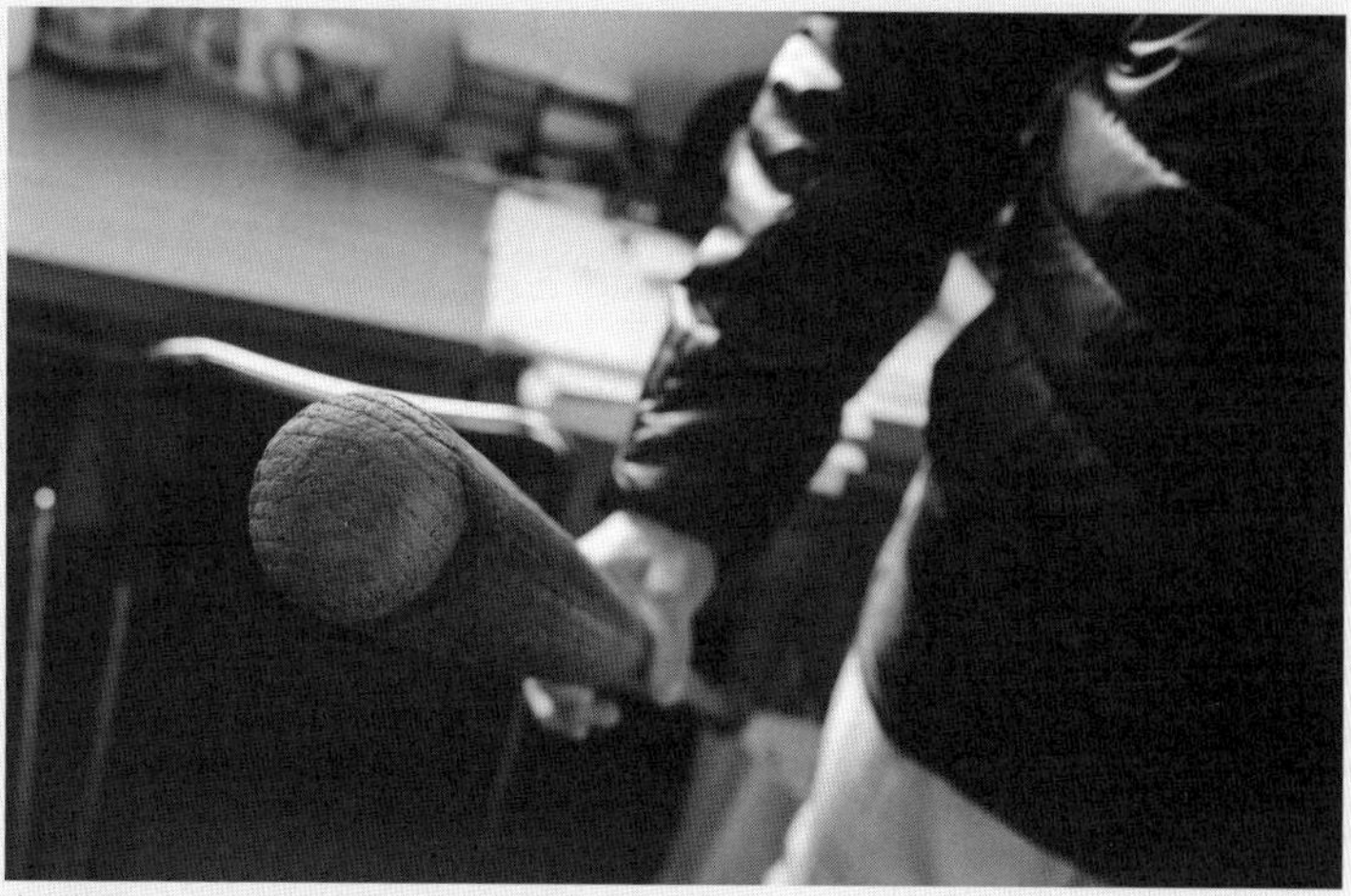
吉田義男さんから譲り受けた鉛入りの木のバット

なれば、バットに振らされているような感覚でした。

それでも吉田さんの言葉通り、毎日振っているうちに少しずつですがその重さに慣れていき、普段の練習や試合のときに使うバットがかなり軽く感じるようになり、スイングスピードがみるみるうちに向上していきました。入部した直後はあれだけ苦労した打撃練習でしたが、外野の定位置どころか、外野手の頭上、そしてフェンスオーバーする打球も打てるようになったのです。入社した1～2年目の頃は、同じ近畿ブロックにある日本生命や当時の松下電器（現・Panasonic）などと

練習試合をすると、

「コイツはミートだけや。外野の頭は飛ばせへんぞ」

などというヤジがベンチから聞こえてきたのですが、体力的に自信がついてパワーも出てくると、そうしたことも言われなくなり、気づけばチーム一のホームランバッターとなり、入社6年目で3番を打つまでに成長していったのです。

その間、手のひらのマメを幾度となくつぶし、時間を忘れて一心不乱にバットを振り続けていることもありました。けれども私は、「チームで一番下手くそなんや」という思いが強かったのですから、至極当然だと思っていたのです。

もしレベルの高い選手の集まりのなかで、みんなと同じ練習だけに終始していたらどうなっていたでしょうか。高いレベルにある先輩たちのレベルに追いつくことなく、入部して2~3年後に監督から、「はい、お疲れさん」と肩を叩かれて現役生活が終わっていたはずです。

今の時代、「猛烈に鍛えること」は時代錯誤だと思われる人もいるかもしれませんが、低いレベルの選手がトップレベルの選手の技術に追いつき、追い越そうとする場合は、そうした考えは当てはまらないということを、多くの人は知っておいたほうがよいでしょう。

第5章

守るべきもの、
変えていくもの

「伝統校」と「古豪」の決定的な違いとは

「伝統校」と「古豪」の違い、それは「いい伝統は受け継ぎ、悪しき伝統を排除し、改善できたかどうか」に尽きます。

指導者の根気が試される「心の育成」

1990年代前半までの平安は「古豪」と言われていました。甲子園出場もままならず、野球部もまとまりに欠け、先輩は楽をすることしか考えていない。それでいながら、「平安のユニフォームを着ている」だけで満足している——。それが悪しき伝統となりつつあったので、私は平安の監督に就任した直後から、選手の意識改革に力を注いでいきました。

なかでも「心の育成」には時間がかかりました。1日、1週間、1ヵ月継続したところで、必ずしも成果となって表れてくるものではありません。3年生、2年生、1

年生と全部員に話しかけ、ときには叱咤することもありますが、心の育成には指導者の根気が試されると言っても過言ではないのです。

さらに、もし意識改革がうまくいったとしても、それでチームの成績に直結してくるとは限りません。この点が野球の難しいところですが、ここからのテーマとなるのが、「甲子園出場を目標に掲げる」ことと、そのために必要な「技術の追求」です。この二つを同時に選手たちに意識づけをして、根気よく技術を伸ばしていかなくてはなりません。

90年代の後半、川口たちの世代の活躍もあって、平安が再び伝統校と呼ばれるようになりました。戦前から戦後、さらには昭和40年代あたりまでの平安とは違う、「勝てるチーム」というものを、私の信念の指導で作り上げていくことができた賜物です。

先輩と後輩の垣根をなくす

もう一つ、排除した悪しき伝統がありました。それは、「先輩が後輩を大切にしない」ことでした。先輩の意見は絶対である。後輩たちはどんなに理不尽に感じることであろうと、先輩に逆らってはいけない——。こんなことをいつまでもしていては、健全な上下関係など築けません。後になって残るのは、「先輩たちに対する恨みの感情」だけです。

その結果、平安では年代間の人間関係がいびつなものとなり、連絡を取り合う人がいないという事態に陥りました。「あの先輩には嫌な思いをさせられた。だから今さら連絡なんて取りたくない」という恨みの感情が残ってしまっているのです。こんなことでOB同士がまとまらないようであれば、野球部の支援体制にも支障が出かねません。どこかでこうしたネガティブな連鎖は断ち切るしかない。そう思って、私は先輩と後輩の上下関係のあり方について見直したのです。

すると驚くほどの変化が見られました。先輩から後輩へ、あるいは後輩から先輩たちへ連絡を取り合い、OB同士が集まるような場であっても、年齢の垣根を越えて談笑するというシーンがたびたび見られるようになったのです。こうしたことにメスを入れることには勇気がいりましたが、私は先輩と後輩の垣根を越えて健全な関係を築かせたことは、今でも大正解だったと思っています。我々は平安一家、平安という家族（ファミリー）なのです。

どこかに居場所を作ってあげる

さらに言えば、「指導者の考え方」についても、私自身が見直しました。具体的に言うと、「平安野球部に入部してくれたすべての部員に、どこかに居場所を作ってあげる」ことです。

私たちが高校生のときは、入部して来る野球部員があまりにも多かったこともあり、「野球部を辞めさせるために、あえてハードな練習を課す」ということも行なっていました。けれどもこうしたやり方が通用したのは昭和から平成初期までのことで、平安が再び上昇気流に乗り始めた90年代後半あたりには、野球部員を辞めさせるようなハードな練習はしなくなりました。縁あって平安野球部に入ってきた彼らを排除するのではなく、「たとえレギュラーになれなくても、どうすれば野球部内に居場所を作ってあげることができるか」についても考えていくようになりました。

野球はレギュラー選手だけでは成り立ちません。控えの選手、とりわけベンチワークのできる選手というのも必ず必要になってきます。野球の能力や技術を見て、「レギュラーの座は難しいな」という選手に対しては裏方のどんなポジションに挑戦させるべきか、私はその選手たちには「ここを目指してごらん」と仕向けてみたこともありますが、これがすごくうまくハマりました。

技術のある子ばかり重宝して、そうではない子を排除してばかりいると、ドロップアウトしてしまう子が必ず出てきます。そうしないためにも、たとえ技術の劣っている子でも野球部内で活躍できるポジションを与えられるかどうかが、これからの指導者には問われてくるのではないでしょうか。

昔のような練習方法や選手起用、指導方針などは、令和になった今の時代には通用しません。指導者自身が、今の子どもたちの気質を読み取って、「昔はこうしていたけれども、今はこうせなあかん」といかに気づき、変えていくのか。その度量が試されているのではないでしょうか。

私が見る限り、「古豪」にとどまってしまっている学校にありがちなのが、「排除しなくてはならない伝統を残したままにしていること」です。「これは昔からあるウチの伝統なんだ」と力説しているものが、はたして本当に残すべきいい伝統なのか、それともあまり意味をなさない伝統なのか、指導者が率先して見極めるべきだと思います。それができなければ、古豪と呼ばれる学校は、古豪のまま終わってしまうのでないでしょうか。

指導者が現状維持の指導法をしていたら、チーム力は停滞してしまいがちです。時代に応じて、指導者自身が変化することを恐れず、新しいことを取り入れるチャレンジャー精神を持つことは、これから先、とても大切になってくるのではないかと考えています。ただこれは、並々ならぬ大きなエネルギーと時間も必要だとも感じるところです。

「原田の眼」

指導者が変化を恐れてはいけない

「オレたちの時代は……」という OBの言葉から判断するべきこと

目の前でプレーしている平安の選手たちを見て、古参のOBたちがよく口にするのが、「オレたちの時代は……」というフレーズです。この言葉を口にしたときは、たいてい「現状に対して何か不満を言いたいから」という明快な理由があるものです。

OBの言葉はありがたく受け止めつつ、状況を説明する

私が平安の監督に就任して2～3年のうちは、私自身が30代だったこともあり、50代以上のOBたちから、平安の試合を観てはこんなことを言われていました。

「もっと右打ちを徹底しなければダメだ。オレたちの時代は、走者が出たら右打者ならば反対方向に進塁打が打てるようにしていたものだ」

「あんな大振りしていたらフライしか打てない。もっとコンパクトに振らなきゃダメ

だ」

たしかにおっしゃりたいことはわかります。けれども私はそうした声に腹を立てるのではなく、ＯＢに丁寧に説明するように心がけていました。

「先輩のおっしゃりたいことはよくわかります。けれども甲子園で勝つには、高いレベルで打力を磨いていくことが必要なんです」

昔は「高い守備力で守り勝つ」野球をしていたチームが多かったのは事実です。ノックの雨を降らせて、アウトにできる場面では確実に守備でアウトを稼ぐ野球というのが、１９６０～70年代あたりまでは求められていました。けれども私が監督に就任した90年代は、金属バットの全盛に加えて、ウエイトトレーニングを行なうことが当然のような流れになってきて、外野手の頭を越えるような打球が多くなってきたわけです。私はウエイトトレーニングについては、「身体の成長過程にある高校生には、過度なウエイトトレーニングは必要ない」と考えて、自重トレーニング中心でやらせていましたが、それでも「思い切り振る」ということだけは徹底してやらせていました。そのことを含めて、ＯＢに説明すると、「ああ、今はそういうものなんだな」と納得してくれたものです。

またこんなことも言われたことがありました。

「今の平安は練習時間が短い。もっと日が暮れた以降も、練習をさせるべきじゃないのか」

私が監督に就任した当初は、たしかに夜遅くまで練習していた時期もありました。けれども、平安から龍谷大平安に変わり、学校方針として野球だけでなく勉強にも力を入れ出したこと、労働時間の問題、セキュリティ上の問題などもあり、日が暮れるまで野球をやったら夜は勉強の時間もとる、ということもしなければならなくなりました。

そうした学校の現状について、今ひとつ理解されていないＯＢもいましたので、私のほうから「昔と今の練習環境の違い」について話すこともあったのです。

さらに後年になると、こんなＯＢもいました。

「今の野球部員は硬派さが足りない。男子校なのだから、もっと男らしさを出すべきじゃないのか」

私の高校時代はたしかに男子校でしたが、平安は２００３年から男女共学になりました。女子生徒もいるのですから、学校生活のなかで女子生徒と会話する機会だってあるはずです。こうした事実を知らないＯＢもなかにはいるのです。そうした場合でも私は、

「先輩のおっしゃりたいことはよくわかります。でも平安は２００３年から男女共学になりまして……」

と諭すように話すと、「えっ、そうだったの？」と驚かれながらも、納得されるといったことも実際にありました。

ジェネレーションギャップはどうしても発生する

現状の後輩たちの姿を見て、「オレたちの時代は……」と誇らしく思うのであればまだしも、不満を言い出す人というのは実際にいます。そんなＯＢの言葉を聞いた後輩たちは、「あの人、また何か言っているよ」と疎ましく思うものです。そうしたＯＢほど現状のことをよくわかっていないということはよくありますし、そんなときは現場の指導者が懇切丁寧に説明してあげることが大切なのではないでしょうか。

私は先輩は立てるべきだという考えを持っています。今の平安があるのも、先輩方

が一生懸命がんばって築いてこられた歴史があるからです。そうした人たちを無下にせずに、聞く耳を持つことは重要だと思うのです。

一方で現役の世代の声も大事です。「昔のことは知らない」のは当然ですし、育ってきた環境や時代背景が違えば、「昔の常識は今の非常識」ということだってあり得ますから、今の時代に合った野球や指導法を取り入れていかねばならないのも事実です。

そのために大切なのが、「指導者が間に入ってあげること」。OBと現役の選手との間で「ジェネレーション・ギャップ（世代間格差）」を生み出して溝を作らせないようにするためにも、指導者が間に入って双方に説明することも、時には必要なのではないか──。私はそう考えているのです。

「原田の眼」

指導者にはOB、現役間の潤滑油の役割もある

今までやっていなかった、新しい指導法を取り入れてみることも大切

新しい指導法を模索してみること。指導者としてそのスキルを増やしたいと思うのであれば、これまで教えてこなかった部分についてあえて勉強してみることも必要です。

選手個々人に合わせた体力トレーニング

私の場合は、科学的なトレーニングを取り入れてみました。

一つ目が「フィジカルキャパシティチェック」。これはもともと行なわれていた運動能力テストと違って、身体のバランスを整えることを目的とした体力測定です。具体的には、現在故障をしている箇所はないか、測定結果から身体の故障につながる箇所はないかをチェックし、故障につながる前に予防、あるいは改善を行なうのです。

それだけではありません。「上半身」「腰部・股関節」「下半身」といった身体の各関節の可動域や筋力、身体のバランスを測定することによって、野球のパフォーマンスの向上につなげていく効果ももたらします。たとえば「柔軟性」に問題があるという結果が出たら、どんなストレッチをやればいいのか適切にアドバイスをしてあげる。「筋力面」のバランスに問題があるとされたら、上半身・下半身にどんなトレーニングが必要かを詳細に分析するのです。

一人ひとりの選手たちは、筋力も違えば、身体の柔軟性も大きく違います。それが運動能力の違いにまでいたるわけですが、どんなに優秀な能力を持っていそうに見える選手でも、身体の機能の一つや二つは欠点となる箇所があるものです。高校時代は今のままでよくても、大学、社会人と進んだ際に、何か大きな故障を招いてしまうことが考えられるのであれば、高校の今の時点で改善するのがいいはずです。

科学的なことも取り入れてみる

また、選手の性格の傾向を知るために、「TEGエゴグラム」も行なっています。具体的には、さまざまな質問をして、選手が「CP」「NP」「A」「FC」「AC」の

５項目のなかのどこに当てはまるのかを分析していきます。

ＣＰ＝高／厳格、時間を厳守　低／ルーズ、おおらか
ＮＰ＝高／優しい、世話好き　低／冷淡
Ａ　＝高／理想的、クール　低／情熱的、現実を無視
ＦＣ＝高／創造的、きまま　低／委縮、他人の評価を気にする
ＡＣ＝高／順、いい子　低／傍若無人、天真爛漫

これにより、選手が陥りやすい思考パターンを知ることができ、私が指導していくなかでどんな言葉をかけてあげればいいのかを知ることができるというわけです。

選手たちが硬式野球部の一員として過ごすなかで、監督の前で見せる姿もあれば、部員同士だからこそ見せられる顔、家族のなかでしか見せられない姿というものは、誰しもが必ずあると思います。監督の前で見せる姿は作られた顔だとすれば、それは本当の姿ではない。猫をかぶっている場合だってあるわけです。

そうしたものを取っ払って、選手の根っこの性格の部分を知ることができれば、それもいい指導の一環となるのではないか、私はそう考えてこうしたチェックを行なっ

ているというわけです。

もちろんこうしたチェックを行なって改善方法を講じたからと言って、即効性のある結果が出てくるわけではありません。けれども、昔ながらの指導法でやっていくことだけではどうしてもどこかの段階で限界がやってきます。そこで、科学的に分析した方法で選手の身体能力や性格を知ることができれば、今よりいい指導ができるはずだと考え遺伝子検査も行ない、身体のトレーニングでも水泳やヨガを取り入れています。

選手の野球のスキル向上だけでなく、指導者としての引き出しを増やす意味でも、これまで取り組んだことのない指導法にトライするというのは、大きな意味があると私は考えているのです。


「原田の眼」

常に新しい指導法を模索する

「自分の力でコントロールできるところ」と「そうでないところ」を見極める

選手を指導するにあたって、大事にしていることの一つに、「自分の力でコントロールできることと、そうでないところを考えながらプレーしなさい」ということがあります。

コントロールできる部分は日頃の練習で増やしていく

「自分の力でコントロールできること」はたくさんあります。日々のコンディションの調整はもちろんのこと、打撃で言えば鋭い打球を飛ばすコツをつかむこと。投手の場合はアウトコース低めにコントロールできるよう、ピッチング練習に取り組んだり、守備練習をおろそかにしないなど、挙げようと思えばいくつも出てくるものです。これらのことは普段の生活習慣や練習などできちんと積み重ねていけば、やがてコントロールできるようになってきます。

一方で「自分の力でコントロールできないところ」というのも見逃せない要素です。打者の場合で言えば、たとえば、相手投手のウイニングショットをうまくとらえて外野に大きな当たりを飛ばすことができた。けれども外野手のポジショニングがよくてうまく捕球されてアウトになってしまった——。こうしたプロセスにおいては「ベストを尽くしたけれども、結果はアンラッキーな方向に転がってしまった」ということは、自分の力だけではどうにもコントロールできません。

投手だってそうです。日頃から練習しているアウトコース低めにうまくコントロールすることを、実際の試合でできたとしても、打者にいい当たりをはじき返されてしまうことだってあり得ます。こうしたことは「仕方ない。こんなこともある」と割り切る以外に方法はないものです。

まったくコントロールできない甲子園の大歓声

甲子園に出場したときにはもう一つ、「自分の力ではコントロールできないところ」

があります。それは、「観客席からのお客さんの声援」です。

かくいう私も、平安の監督に就任してから春11回、夏８回甲子園に出場させてもらいましたが、相手チームに対する声援がスタンドから沸き起こってくると、「ちょっと困ったな」と思うことがしばしばありました。これは何も私たちだけではありません。

昨年（22年）夏の準々決勝で、大阪桐蔭と下関国際が戦った試合では、９回表裏の攻防でそれが見られました。私はこの次の試合でテレビの解説を務めたので現場の空気感を知っているのですが、表の攻撃の下関国際に対しては手拍子や歓声が大きく、投手が一球投げるごとに「オー」というどよめきが起こっていました。

そうして下関国際が逆転すると、お客さんの歓声は最高潮になりました。その裏の大阪桐蔭の攻撃でも、投手が一球投げるたびに、拍手やどよめきが起こり、大阪桐蔭ナインが気圧《けお》されたわけでもないでしょうが得点できず、最後は５対４で下関国際が勝利を収めたのです。

甲子園のお客さんの歓声は味方につければこれほど心強いものはないでしょうが、反対の立場だと非常にやりづらいことは間違いないのです。だからと言って、「頼むから皆さん、静かに観戦してください」と言えるわけもありません。
それだけに、「自分の力でコントロールできないところ」については、選手たちには極力考えさせないようにして、「自分の力でコントロールできること」だけに注力するほうがベターなのです。繰り返しますが、努力してもどうにもできないことに対して対策を立てるのは時間の無駄です。指導者はそのこともしっかり理解しておく必要があるのです。

原田の眼

「自分の力でコントロールできること」だけに注力させる

キャプテンに向いているタイプ、向いていないタイプとは

チームをまとめるキャプテンに必要なスキルをあえて挙げるならば、私は「逆境を跳ねのけようとする強い責任感があること」が重要だと考えています。

普段からみんなをとりまとめている子

平安ではキャプテンを選ぶ際には基本、選手からの立候補で決めさせていますが、そこで挙手をする子は、「たしかにアイツだろうな」というケースがほとんどです。毎年のように新入部員が入ってくるなかで、真面目な子、素直な子、おとなしい子、やんちゃな子、明るく元気な子といろいろな性格の子がいます。私自身はやんちゃな子が好きですが、だからと言って、毎年そのような子がいるわけではありません。たしかにやんちゃな子は、荒っぽい一面があるので、逆境を跳ねのけるだけの強いメンタリティーを持ちあわせている。だからこそ信頼できるというわけですが、ここ数年はこうしたタイプの子にはなかなかお目にかかれないこともあり、私のなかでの「キャプテンにする基準」というのは、「普段からみんなをとりまとめている子」になっています。

ただし、なかにはみんなが慕っていても、「コイツはキャプテンには向いていないやろうな」という選手が立候補することがあります。みんなと仲はいいのだけれども、監督の言葉の真意を理解していなかったり、周りに厳しく注意できないタイプなどが、この部類に当てはまるのですが、この場合でも私は必ず一度はキャプテンをやらせます。

そのうえで本人には必ずこう伝えています。

「いっぺんやってみ。ただし、別のヤツに回す場合もあるからな」

本人がやる気を見せているのですから、それを止めるようなことはしません。ただし、後になってその子が「キャプテンに向いていない」とわかっても何も手を打たないようでは、その代の選手たちはチームとしてのまとまりに欠けてしまい、その結果、チームの成績が思うように上がらないということだって十分にあり得ます。そうしたリスクを防止するうえでも、一度キャプテンをやらせてみて、うまくいかない場合には、「指導者である私がキャプテンだと考えている選手」に後任を任せるほうが、ベターだというわけです。

チームというのは生き物です。真面目な子ばかりの年もあれば、おとなしい子が多い年や、例年に比べて明るい子が多い年もある。私は毎年どんな性格の選手がいるのかを見極めつつ、その代のキャプテンを立候補で決めさせていますが、そうして選ばれた人物が、「この試合は絶対に負けたくない」という強い気持ちを持ち合わせていることは、大事なファクターだと思っています。


たとえば試合開始早々5点を先制されたとします。普通であれば、シーンとお通夜のような状態になってもおかしくない状況です。

けれどもその試合は甲子園出場を懸けた大事な決勝戦。その試合で終始落ち込んだ状態が続けば相手の思うつぼです。

そんなとき、私は選手にこんな言葉をかけて発奮させます。

「なんや。いきなり5点取られて黙っとんのか？　このまま終わってしまうで」

すると、「いいえ。このまま終わるつもりはありません。なあみんな、いっちょうやったるかいの」と真っ先に声を出す選手がいる。こうした人材をキャプテンに選ぶのです。

勝つことに対して誰よりも貪欲な姿勢が必要

高校野球は強いチームが必ず勝つとは限りません。対戦する前はたとえ自軍が有利と見られていても、いざ試合で戦ってみると、相手ピッチャーが好投したり、思わぬ伏兵が活躍して勝利をもぎ取られるなんてことは、高校野球ではよくあることです。

ウチも例外ではありません。「平安有利」と見られて試合を戦ってみると、終盤までもつれたり、劣勢に追い込まれたりするという展開はしょっちゅうある。そうしたときに大切なのは、「負けないと思う強い気持ち」であるのです。

このようなとき、キャプテンはみんなを発奮させる言葉を必ず持っている。普段の練習を見ていてもわかるのですが、最上級生になる前の、1年生から2年生の夏前の段階で、キャプテン候補に考えている子の周りには、自然とみんなが集まってくるものです。そうした場面を私は見逃さず、「今度の新チームのキャプテンはアイツやな」とあえて決めてしまうこともあります。

繰り返しますが、チームは生き物である以上、キャプテンにふさわしい資質を持った子というのは、一年一年で変わってきます。けれどもどんな気質を持った選手が集まった年であっても、最後は「勝ちたい」と勝つことに対して誰よりも貪欲になり、チームを一つにまとめていける者でないと務まらないと、私は考えています。

「原田の眼」

キャプテンはみんなを発奮させる言葉を持っている

今の環境にいることに感謝の気持ちを持つ

社会人野球を続けていくなかで最も大切にしていたこと、それは「周囲に対する感謝の気持ちを持ち続けること」でした。

私は入社して以降、79年からの91年までの13年間、32歳まで日本新薬野球部に在籍していました。その間、都市対抗野球大会に10度出場（日本新薬として6回、補強選手として4回）という輝かしい記録も作らせていただきましたが、これもひとえに周囲の人たちの支えがあってこそだと、今でも実感しています。

野球部員は11時半になると、上長に「これから野球部の練習に行ってきます」と伝えてから職場を離れます。このとき「野球部員だから特別なんだ」という特権意識はまったくありませんでした。

「職場のみんなの理解があるからこそ、野球ができている」

それが偽らざる本音だったのです。

他の人たちは薬剤に対する知識や経理や総務の知識があるからこそ仕事をしている

のに対し、私は野球の技量を評価された結果、日本新薬という会社にお世話になることができたのです。それに「私の一番の仕事は野球ではあるけれども、他の人たちはそれぞれのセクションで私と同じように大事な仕事がある」という認識でいましたから、普段の職場では謙虚かつ誠実にコミュニケーションをとるように心がけていました。

ときにはコピー取りや伝票チェック、書類整理などの雑務を任されることもありましたが、私は笑顔で「はい、わかりました。すべてやっておきます」と言って喜んでこなしていましたし、仕事で困ったことやわからないことがあれば、自分の力だけで解決しようとはせず、周囲の人に聞いてベストな方法で問題の解決にあたるようにしていました。

今、あらためて当時のことを振り返ると、私の考えは正しかったと確信しています。毎年、春が過ぎると都市対抗の予選の時期となりますが、この頃になると職場の上長や同僚から必ず、

「今年も都市対抗の予選が近づいてきたな。本選に出場したら東京ドームに応援に行くからがんばれや」

と温かい応援の声をいただいていました。私はその言葉を励みに、厳しい練習に打

ち込み、その結果、都市対抗に10回出場することができたのです。

もしこのとき私が、「野球部員は特別なんだ」という誤った特権意識を持っていたらどうなっていたでしょうか。たしかに野球で活躍できていた時期はみんな何も言わなかったかもしれません。けれども職場の人たちは私のことを誰も応援してくれなかったでしょうし、現役生活を終えたら、高卒で野球以外のスキルを持たない私は真っ先にお払い箱となってしまったはずです。

「今いる環境は、自分にとって当たり前ではない。多くの人の理解と協力があるからこそ、ここにいることができるんだ」

そうした謙虚な気持ちを持ち続けることで、周囲の人たちの理解が深まり、応援する声が増えてくるものだと、私は考えているのです。

最終章

指導者が持つべき信念

信念を持って物事に取り組めば、それは現実化する

信念を持って物事に取り組めば、やがて必ず現実化する。このことを私が学んだのは、夏の甲子園の１００回大会のときでした。

通算１００勝を目の前にして

この大会の前、甲子園であと1勝すれば、春夏通算１００勝に届くことは当然知っていました。それまでは中京大中京が１００勝を達成（２０２３年6月現在、春夏通算１３６勝を挙げている）したことを知っていましたが、平安が2校目となるわけです。しかも１００回の記念大会に１００勝をするなんて、とてもドラマティックな感じがしていました。

そのためには絶対に負けられません。私は京都予選の初戦からカバンの内ポケットに「辞表」をしのばせていました。万が一、予選のどこかで負けるようなことがあれば、そのときは平安の監督を辞めようと覚悟を決めていたのです。それだけに、この年の選手たちには、

「ええか。夏は甲子園に出て、お前たちの手で100勝をもぎとるんや。絶対にできるからな。忘れるなよ」

と常に言い続けていました。このことは私だけでなく、野球部のOBや父兄、学校関係者にいたるまで、平安に関係するすべての人から「なんとか100回大会で100勝を決めてくれ」と強く期待されていました。それだけこの大会に懸ける思いが、みんながみんな、強かったのです。

それを実現するためにも、私は頭のなかで「あるプラン」を描いていました。それは京都予選の組み合わせ抽選で1番くじを引いて平安が選手宣誓を行なうこと。そうして難敵を次々と撃破して、京都代表となって甲子園で戦う。1回戦はどこと当たっても接戦となるだろうけど、リードを許したとしても最後は逆転して見事に100勝を飾る――。

あまりにも出来すぎた話のように聞こえるかもしれませんが、甲子園100勝が現

実化する第一歩の出来事が起こりました。京都予選の組み合わせ抽選会で、平安が1番くじを引いたのです。私はこの時点で、「よっしゃ、100勝目はもらった！」と確信しました。

京都予選で「厳しい戦いになる」と予想したのが、準々決勝で当たる乙訓でした。市川靖久監督と抽選会が終わったあとにバッタリ顔を合わすと、

「オレはこの大会、本気で挑むぞ。100回大会は平安のためにある大会や」

こう話したことを今でもよく覚えていますが、このときの私は「めっちゃ迫力があった」と、後に市川監督本人から聞きました。

こうした気迫が選手にも伝わっていたこともあり、準々決勝で当たった乙訓を11対0の5回コールドで下し、準決勝の東山を8対1、決勝の立命館宇治を準々決勝同様の11対0で下して、見事に34度目の夏の甲子園出場を果たしたのです。

甲子園のゴミ箱に捨てた辞表

けれども私にとって、このときの甲子園出場はあくまでも通過点でした。「初戦を勝って100勝目を挙げること」、その1点に集中していたのです。

組み合わせ抽選の結果、初戦の相手は鳥取城北に決まりました。実は鳥取城北とは毎年1回練習試合を行なっていたのですが、この年はあいにくの雨で中止になってしまい、行なわれていなかったのです。山木博之監督とは以前から、「甲子園で対戦できる機会があったらいいですね」と話していたのですが、まさかこのタイミングで当たるなんて、本当に驚きました。しかも鳥取城北とは、練習試合では毎年好ゲームとなっている。相手にとって不足はありませんでした。

試合は予想通りの接戦でした。平安が初回と4回に1点ずつを取ってリードしていたものの、8回にエースの小寺智也が2点を取られて追いつかれ、9回裏の平安の攻撃も2アウト走者なしという状況になり、いよいよ延長か……という展開になりました。

ところが、1番の水谷祥平が四球を選ぶと、次の安井大貴の2球目のときに二盗、5球目に三盗を決めました。続く6球目のストレートを安井が振り抜くと、打球はレフト線へ飛んでサヨナラ勝ち。見事に甲子園100勝目を成し遂げたのです。その直後、私は目頭が熱くなり、思わずタオルで目を覆いました。

その後、監督インタビューが終わると、京都予選のときからカバンの内ポケットにしのばせていた「辞表」の入った封筒を、甲子園のゴミ箱にポイッと捨てました。これまで私は甲子園で通算何勝したとか、記録にこだわったことは一度もありませんでしたが、「これまで勝ち星を積み重ねてきた先輩達のためにも、絶対に成し遂げたい」という一心でつかんだ平安の春夏通算100回目の勝利に安堵していました。

信念を持って物事に取り組んだ結果、それが現実化するかどうかは、思い描いていることをイメージし、用意周到な準備と対策を立てることが大事だということを、私はこのとき身をもって学ぶことができました。

原田の眼

夢を用意周到な準備と対策で実現させる

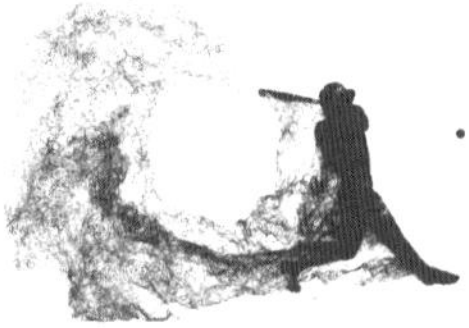

私が「甲子園出場」を毎年掲げる理由

選手たちに毎年目標に掲げさせるのは、「甲子園出場」です。高校野球は教育の一環だと思って選手の指導にあたっていますが、一方で甲子園出場を目標に持たせることが、モチベーションを上げさせる原動力になっているのです。そのために大切になってくるのが、「チーム力を上げていく方法」です。

新チーム結成から夏の大会までの過ごし方

新チームになる8月、実はこれよりさかのぼること3ヵ月前の5月の段階で、「新チームになったら誰をメインに起用していくのか」ということを念頭に置きながら練習させるようにしています。3年生が抜けて2年生がメインの新チームになったとき、「さあここから始めましょう」とあれこれやりくりしても、春のセンバツ出場を懸けた秋の予選までにチーム作りが間に合わないからです。

もちろん、準備しても秋は負けてしまうことがあります。そうなるといろいろなことを試します。選手をコンバートすることもあれば、エース以外の投手を複数育てようと、練習試合で数多く投げさせて経験を積ませることも大事になってきます。

そうして冬場は徹底的に体力と技術の向上に励み、春にその成果を試すべく、練習試合でその機会を与える。そうして最後の夏を迎えるまでに、レギュラー争いを激化させて、最終的にベンチ入り選手を決めていく、という流れになります。ベンチ入りメンバーの発表は、夏の京都予選が始まる4～5日前に発表するようにしています。最後まで全員で競わせることで、一人ひとりのモチベーションを高い水準で維持することが狙いだからです。

同じ能力なら下級生を登用する理由

このとき私は3年生と2年生の実力が同等であれば、迷わず2年生をレギュラーとして起用します。1年早く生まれているにもかかわらず、実力が同じというのであれば、2年生に「まだまだ成長していける」という可能性を感じているからです。

それに下級生のときはレギュラーで出ていた選手を、最上級生になったときにも同じようにレギュラーで起用するという保証はありません。下級生のうちは何も考えずがむしゃらにプレーすることで、好結果につながっていたということは野球にはよくあることです。

けれども相手から研究されたり、チーム内で強力なライバルが出現したことによって、技術的に伸び悩んでしまうこともあります。こんなときには、あれこれ試行錯誤しながら苦境を打破してくれればいいのですが、停滞したままでいると、夏の時点で調子のいい選手のほうを起用するということも、しょっちゅうありました。

私は中学生、とりわけ平安中学からエスカレーターで上がってきた選手には、必ずこう言います。

「普通にやっていればレギュラーになれるという考え方は、頼むから捨ててくれ」

高いレベルでレギュラー争いを繰り広げるには、一切の妥協をしないこと、さらにほんのちょっとでも油断をすれば、レギュラーポジションをライバル選手にとって替わられることだって大いにあり得る——そのことを彼らに伝えておきたかったのです。

それでも上級生ではなく、下級生にレギュラーポジションを奪われてしまうのが野球の難しさでもあり厳しいところです。上級生には気の毒な面もありますが、こうしたときは下級生のがんばりを、私は評価したいと思うのです。

どれだけ努力を重ねていい結果を出したいと思っていても、時間だけは待ってくれません。1年生のときから指導している私にすれば、非常にもどかしいことではありますが、「甲子園出場」という目標を掲げている以上は、「そのときのベストメンバーを選出すること」を重視せざるを得ない。「甲子園出場」を目標に掲げている以上、厳しい選択をせざるを得ないケースもありますが、最後の最後までチーム全員で競わせる姿勢は保つべきだと、私は考えているのです。

「原田の眼」

ベストメンバーでなければ甲子園出場は果たせない

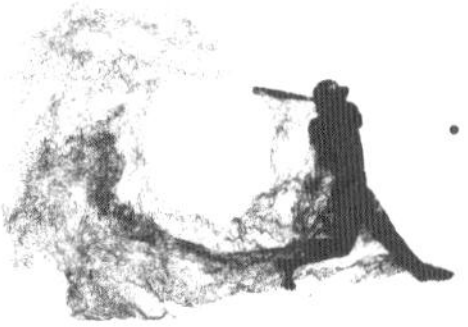

私が必死になって守った「HEIAN」のユニフォーム

伝統には「必ず守らなければならない伝統」があります。平安野球部の監督として、守らなければならない伝統として最も大切にしたいと考えていたのが、「ユニフォームのデザイン」でした。

憧れ続けたユニフォーム

私が小学生の頃、憧れていた「HEIAN」の文字が入った青光りする当時の白いユニフォームは、後にバリオ社というメーカーが作っていることを知りました。そうして私が高校生になって平安野球部に入部してからは、先輩から試合用のユニフォームの着方を教わりました。

たとえば帽子はツバの部分を折らずに丸いままの形にして、ズボンは下半身を大きく見せるために、ウエストのサイズが110センチを超えるものを履き、左右のお尻のポケットにタオルをそれぞれ2枚ずつ入れて、大きく見せていました。そうしてアルファベットの「HEIAN」の文字が入った上半身のユニフォームを着ると、ものすごく格好よく見えたというわけなのです。

それから20年以上経って平安の監督に就任した後は、「絶対にこのユニフォームを変えたらアカン」という気持ちを持ち続けていました。野球部の強化も私に課せられた使命でしたが、同時に伝統あるユニフォームは変えずに、そのまま着続けるべきだ……私はそう決意していました。

「HEIAN」が奪われそうになったあの日

そうした思いが崩れそうになったのは、平安が「龍谷大平安」という名称になることが決まった2008年のとき。平安と龍谷大学の学校関係者が一堂に集まって会議が開かれました。このときの議題が「ユニフォームに『龍谷大』の文字を加えること」でしたが、私はその意見に猛反対しました。

「『HEIAN』は京都だけでなく、全国でもその名前は認知されています。どうかこのままで行かせてもらえませんでしょうか」

こう訴えたのですが、平安の関係者も一歩も引きません。

「原田君の気持ちはわかる。私たちも平安のシンプルなユニフォームは好きだ。けれども龍谷大学の系列になる以上は、その名称をユニフォームに入れなくてはならないんですよ」

そう言われた私は、即座にこう言い返しました。

「私は平安卒だから、龍谷大の文字を入れろと言われても知りません。どうか今のユニフォームのままで行かせてください」

よくよく話を聞いてみると、学校関係者はユニフォームの胸のあたりに「龍谷大」、もしくはローマ字で「RYUKOKU UNIVERSITY」の文字を入れてほしいというのが要望でした。ただ、私は「それは認めません」の一点張りで、話し合いは膠着したままでいました。

こうしたやりとりが1時間続いたあたりでした。一部始終、話を聞いていた龍谷大学の関係者がこう口を開きました。

「原田君、龍谷大学の卒業生は何人おるのか知っているのか？　何十万人とおるんや。

彼らも全員、平安のユニフォームに『龍谷大学』の文字が刻まれることを期待しとるんや」

この話を聞いた瞬間、私はカチンときました。そうしてこう言い放ったのです。

「わかりました。そこまで言うんでしたら、僕はこのユニフォームを胸に抱いて、今から屋上から飛び降ります」

場が一気にざわつきました。「そんなん、やらんでええ！」「いい加減やめとけ」。みんなの表情が青ざめていました。

私自身、大人げないことを言ったことは重々承知でした。けれども１９０８（明治41）年に硬式野球部が創部されてから１００年経ち、数多くの先輩たちが誇りを持って着続けてきたこのユニフォームに他の名前を刻むことは、先輩たちに対して申し訳ない気持ちでいっぱいだったのです。

最後は学校関係者から、

「よくわかった。あなたがそこまで平安のユニフォームに対して思い入れがあるとは想像していなかった。ただ、どうしても『龍谷大学』の名前はユニフォームのどこかに入れなければならない。それだけは理解してほしい」

私もその意見は聞き入れることにしました。その結果、左肩の袖のところに漢字で一番小さい書体で「龍谷大学」の文字を入れることにしたのです。

このユニフォームはこの年の夏の京都予選から着ることになったのですが、どうしても自分から着ることができずにいました。そこで当時のキャプテンに着せてもらい、「オレがこのユニフォームを着たんじゃない。お前が着せたんじゃゃ」と言っていたことをよく覚えています。

昔からある伝統というのは、何が大事で何を捨てればいいのかは、指導者の判断によるところが大きいものです。私の場合は、何があろうと胸に「ＨＥＩＡＮ」の文字が入った真っ白なユニフォームは守らなければならないと思っていたのですが、今もその判断は正解だったと自信を持って言えます。

他校では大学の系列校になったり、監督が替わったりすると、そのタイミングでユニフォームを変える学校もありますが、私には到底受け入れられることではありませんでした。私にとって「ＨＥＩＡＮ」の5文字が入ったユニフォームは試合で戦うための戦闘服であり、「先輩たちから受け継がれてきた伝統ある正装」だと思っています。この思いはこれから先も絶対に変わることはありませんし、後輩たちにも脈々と受け継いでもらいたいと願うばかりです。

原田の眼

何よりも大切な「HEIAN」の5文字

「勝つことが当たり前」の組織が持つジレンマとは

「勝つことが当たり前」であるほど辛いものはない——。このことは強豪校の監督には必ずついて回るものです。

大阪桐蔭が抱える目に見えないプレッシャー

私は大阪桐蔭と定期的に練習試合を行なうのですが、チームを率いる西谷浩一監督を見ていると、いつも見えないプレッシャーと戦っているような気がしてならないのです。

西谷監督は、現役監督としては最多となる甲子園67勝（２０２３年６月現在）を挙げ、春4回、夏4回（そのうち春夏連覇は12年と18年の2回）の全国制覇を成し遂げました。

まさに令和の今を代表する名将と呼ぶにふさわしいでしょう。

私が大阪桐蔭と縁を持つようになったきっかけは、西谷監督の前の監督だった長沢和雄さんがいたことでした。長沢さんは関大一から関大を経て大丸、ＳＳＫに勤務。私が日本新薬1年目に都市対抗に出たとき、社会人野球の大丸から長沢さんが補強選手として加わり、同じ釜の飯を食べたことがきっかけで交流を持つようになりました。その後、１９８８年に大阪桐蔭の創立と同時に長沢さんが野球部の監督に就任し、その5年後に平安の監督となった私と再び連絡を取り合うようになりました。やがて西谷さんが大阪桐蔭のコーチに就任すると、私と長沢さんの間に入っていろんな話をするようになったのです。

その西谷監督の下には、才能あふれるすばらしい選手が集まってきますが、すべて完成されている選手ばかりではありません。たしかに中田翔（現・巨人）や浅村栄斗（現・楽天）、森友哉（現・オリックス）といった才能あふれる選手に恵まれた部分もありますが、「8割は完成しているんだけれども、残りの2割をどう伸ばしていくか」という選手が多いように思います。

そうした高いレベルにある選手たちだからかもしれませんが、西谷監督は練習試合が終わったあとには必ず、

「これだけの選手を抱えているんですから、勝たなきゃいけないですよね」

と弱気になっている姿を目にしたことも、何度もありました。

このことは選手たちにも言えると思います。全国から選りすぐりの精鋭を集めているのですから、「甲子園に行ったら勝たなくちゃいけない」という目に見えないプレッシャーと戦っているように見えますし、練習試合でも「結果を残さないと、控えの選手にレギュラーポジションを奪い取られてしまうかもしれない」というプレッシャーがあるように見えました。

このことは強豪校ならではのジレンマかもしれませんが、高校野球を普段から熱心に見ている人からすれば、「大阪桐蔭は勝ち進んで当たり前」という見方をしています。西谷監督はそうしたプレッシャーと日夜戦っているのです。

西谷監督が抱える重圧は計り知れない

一方で西谷監督には、ユーモアもあります。甲子園での試合前、報道陣に囲まれていた西谷監督を見つけて、彼の後ろで私がちょっかいを出していると、

「龍谷大平安の原田監督、僕の後ろでおかしなことをするのはやめてください」

と大きな声でゆっくりとした口調で話すと、報道陣からドッと笑いが起きたのです。

選手を指導しているときは厳しい叱咤の声も聞こえてきますが、グラウンドを離れると、「選手のお父さん」のような雰囲気で、選手の輪のなかに入ってノリツッコミができる。そんな一面も持ち合わせているのです。

とはいえ、試合で目に見えないプレッシャーと向き合いながら戦う姿を見るにつけ、「どの学校もほしがるような、いい選手がたくさんいるというのは、ぜいたくな悩みであるのと同時に、人知れぬところでプレッシャーがあるものなんだな。そんな学校で指揮をふるうなんて、オレにはできない」

と考えてしまうのです。

もちろん西谷監督の心中は計り知れないところがありますが、大阪桐蔭が甲子園に出場することが決まった時点で、「優勝候補の筆頭」とマスコミに書かれてしまうのは、並大抵のプレッシャーではないように思えて仕方がないのです。

今年の春のセンバツでも、大阪桐蔭は優勝候補の最右翼に挙げられていましたが、準決勝で報徳学園に5対7で逆転負けを喫し、涙を飲みました。「強い学校が勝つ」のではなく、「勝った学校が強い」と言われるのが甲子園の魅力の一つですが、大阪桐蔭はこの先も優勝候補に挙げ続けられる学校になるのは間違いありませんし、近畿の高校野球を牽引していく最大勢力であり続けていくはずです。

原田の眼

常勝軍団だからこそ、重圧がある

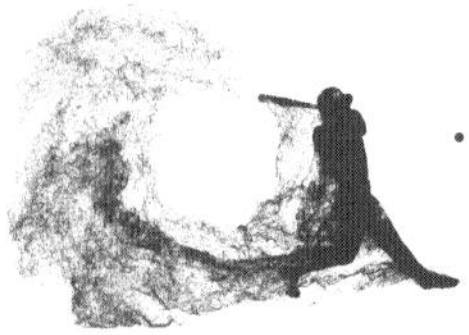

野球で培った「ノートをつける習慣」

私が日々のルーティーンで大切にしていることの一つに「ノートをつける習慣」が挙げられます。

同じ失敗をしないために

今日、起きた出来事をノートにつけておく。すると、反省すべき内容が出てくる。それを忘れないようにするためにも、ノートに書いて後で読み返すというわけです。

そもそも私がノートを書くきっかけになったのは父からのアドバイスでした。父も高校野球をやっていたこともあって、「ノートに書く習慣」を身につけておいたことは、後々になってメリットしかなかったと言っていました。私自身、ノートに書き始めたときには、面倒くさいなと思った時期もあったのですが、時間が経ってから読み返すと、そのとき考えのおもむくままにツラツラと書いていたことが、自分のためになったり、後の試合の際に生きたデータとなっていたことを知って以降は、ノートに書くことが楽しくなってきたのです。

またこんなこともありました。私が見る限り、同じ失敗を繰り返す選手というのは、反省しているつもりでも、時間が経てば忘れてしまっていることが多い。その理由を紐解いていくと、そうした選手には「ノートにメモをする」という習慣がないことに気づきました。

格好つけずに書いていく

野球は失敗の確率の高いスポーツです。3割打てば優秀だと言われる裏には、7割の失敗がある。つまり、失敗する確率を少しでも下げるためにも、日々の練習で感じたことや試合で起きた出来事について、ノートに書いてまとめておくのです。

たとえば相手投手の配球について、4打席のうち、1打席目はストレート中心だった。2打席目は反対に変化球ばかり放ってきた。3打席目、4打席目は投手が交代して、傾向が読めなかった――などと、事細かに書いておくのです。すると、次に同じ相手と当たったときに、どう打席内で対処していけばいいのか、あるいは対処できそうにない場合は、どういった打開策を講じていけばいいのかなどを具体的にイメージしながら考えていくわけです。そうして実際に対戦したときに、見事に攻略できたときには、素直に「ノートのおかげやな」と思えたものです。

ノートに書くことを長続きさせるコツとしては、「格好よく書こうとしないこと」「長々と書こうとしないこと」を念頭に置くようにしてください。どんなに格好つけて書いても、後々になって生かされなければただの文章になるだけですし、初めから長々と書こうとすると、慣れないことを無理やりやっていることもあり、ノートを書く習慣が長続きしないのです。この二つは必ず覚えておくとよいでしょう。

「原田の眼」

記録することで次の失敗を防ぐ

甲子園は高校球児が目指すべき場所でなければいけない

甲子園は高校球児が必ず目指すべき場所である――。私がこれまで経験したなかから、毎年必ず選手全員に伝えています。

伝え続ける「甲子園のよさ」

どれほど数多く甲子園に出場している学校でも、3年間、高校野球をやってきた選手にとってはたった1回だけの甲子園出場になるかもしれない。甲子園には1年生の夏から3年生の夏まで、5回の出場チャンスがありますが、早稲田実業の荒木大輔さんや、ＰＬ学園の桑田真澄さん、清原和博さんのように、5回すべて出場できるというのは、チーム、個人ともによほどの実力がないと達成できないものです。

それならば3年生最後の夏に1回だけでも出場してみたい――。そう考えている選手は、全国に数多くいるのではないでしょうか。

平安だってそうです。3年生最後の夏に、1回だけ甲子園に出場する機会に恵まれたとします。学校としては、これまで数十回と出場していても、選手たちにしてみれば初めての出場になるわけですから、「初出場」と同じ感覚と言っても過言ではないのです。開会式で行進するときの緊張、試合前のノックで球場内の雰囲気を味わう喜び、試合で経験する喜びや悔しさ……いろいろな感情が交錯する場所、それこそが甲子園なのです。

私は高校時代こそ甲子園出場の機会は巡ってきませんでしたが、監督として甲子園を何度も味わった経験から、甲子園のよさについて、夏の京都予選が始まる前に必ずこんな話をするようにしています。

「甲子園は大会が始まる前の甲子園練習から始まる。お客さんのいないスタンドの風景をよく見ておけや。それが開会式当日は、スタンドすべてがお客さんで埋まる。それを目に焼き付けておけよ。

試合当日は試合前に大勢のマスコミに囲まれる。こんな機会、甲子園に出場していなかったら絶対にない話やぞ。そうして試合で勝ったか負けたかで、その後の展開が変わる。勝てばスポットライトに当たるかのように、大勢のマスコミが来てくれて笑顔でインタビューを受けるんや。

けどな、負けたらちゃうで。まるで腫れ物に触るかのようにマスコミのみなさんも距離を置いてな、選手たちはみんな小さな部屋に籠って、オンオン泣いているんや。勝つか負けるかで、天国と地獄とに分かれて全然違う世界が待っている。それが甲子園っちゅうところや」

たとえ今は辛くても、人生にとって大きな経験になる

私は選手たちは幸せだと思っています。なぜなら甲子園の1回戦から決勝戦まで、すべての試合をＮＨＫと朝日放送（春は毎日放送）が全国ネットで放送してくれる。これほどまでに注目度の高い高校スポーツは、高校野球をおいて他にはありません。

さらに話を続けます。

「帰りのバスに乗って窓のカーテンを閉めたらな、『キャー』っていう歓声が飛んでくるんや。そうして学校に帰ったら大勢の人が待っていてくれる。非日常の時間を目いっぱい味わえるのは甲子園に出場したときだけや。これは間違いないで」

これまで甲子園に出場してきた選手たちに話を聞くと、「これが聖地と言われる甲子園か」と驚きと緊張、楽しみがあって、試合が終わると勝てば喜び、負ければ悔しいという感情が湧き出てくるのですが、平安を卒業して年を追うごとにこんな思いにかられると聞きました。

「毎年夏になったら『オレたち甲子園に行ったよな』って思い出すんです。そのときは緊張ばかりでしたが、今振り返ると、本当にいい思い出しか残っていないんですよね」

まさに指導者冥利に尽きる言葉です。青春のすべてを「甲子園出場」に捧げ、目標を達成したときの喜びや感動は、後々の人生にも大きな影響を与えるからこそ、これから先も「甲子園出場」を目標に掲げ、日々の練習に励んでいきたいと考えています。

原田の眼

高校生の目標達成は人生に大きな影響を与える

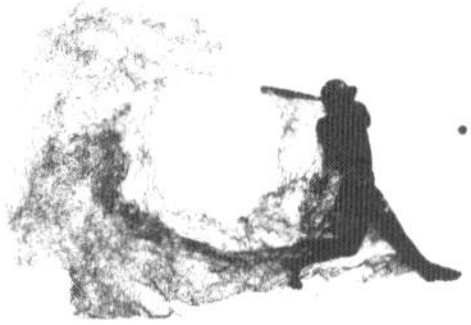

厳しく指導しても、慕ってついてきてくれる教え子たち

高校時代に厳しく指導した選手たちが、私のことを慕っているかどうかは、卒業後に必ずその答えがわかります。

毎年12月のOB戦

平安野球部は、毎年12月の最初の日曜日に、私が指導した教え子たち、そして現役部員が平安ボールパークに集まります。そうしてユニフォームに着替えて、ＯＢ戦を行なうのです。１９９４年からの卒業生ということになりますから、毎年だいたい３００人以上が集まるので、ＯＢ戦には全員が出場できる状況にはなりませんが、一番の楽しみは、教え子たちの元気な顔を見ることです。

「監督さん、お久しぶりです」

「おー元気やったか。仕事のほうは順調なのか？」

そうした何気ない会話を一人ずつしていくのです。ここにはプロの世界に進んだとか、高校時代に活躍したとか一切関係ありません。私が指導した3年間の高校生活を全力で向き合ってくれたからこそ、今もこうして縁が続いている。それを大切に育み続けているというわけです。

もしも監督と選手が遠慮がちでギクシャクした関係で終わってしまっていたとしたら、こうした集まりには来ないはずです。「高校野球って嫌なものだったな」という思いを残すような形で終わらせることは私はしたくなかった。卒業後も腹を割って話せる関係を作りたい――。そんな思いを持ちながら指導にあたっていたのも事実なのです。私にとって1年間でこの日が一番うれしく、そして楽しい日です。

すべては野球があったから

私は教え子たちがどんな会社に勤めていて、どんな暮らしをしているのか、そして個人情報になりますが、教え子全員の連絡先まで把握しています。彼らには「何か困ったことがあったら連絡してこいよ」と言っていますし、そうしたときに相談があろうものなら、時間を割いて彼らの相談に乗ってあげることも実際にありました。

こうした縁を築くことができたのも、ひとえに野球があったおかげです。「平安で3年間野球をやる」と決めて私のところへ来てくれたからこそ、今なお人間関係が続いているのです。


私は教え子たちを「原田ファミリー」と呼んでいます。とくに1期生にあたる94年の選手たちは、「長男坊」と言っては、当時の思い出を振り返ることもよくあります。前の項でもお話ししましたが、彼らは野球の技術は今ひとつでしたが、何よりも一生懸命野球に取り組んでくれたその姿勢こそが、今日の平安野球部の礎を築いてくれたと言っても過言ではないのです。

教え子は私にとって大切な宝です。甲子園に出た世代も、そうでない世代も、同じ場所で一緒の時間を共有してきたことは、かけがえのない財産となっています。野球が取り持ってくれた貴重な縁を、私はこれからも大切にしていきたいと思います。

「原田の眼」

教え子は大切な宝もの

コラム
05

困難な事態に直面したとき、私はそれを「使命」だと思って向き合ってきた

目の前の困難な事態にどう取り組むべきか。私の場合は、私にしかできない特別な「使命」だと考えて向き合っていました。

今でも忘れられないのが、日本新薬での現役生活を終えて社業に励んでいた1992年の秋のこと。当時は営業マンとして大阪支社に勤務し、中小病院や開業医さんなどを回り、慌ただしくしていた時期でした。慣れないスーツと革靴に身を包み、朝早く自宅を出て、帰宅は深夜になるということはザラにありました。

けれども少しずつでしたが、仕事に慣れてくると楽しくなってきました。それまで野球をやっていたらまったく会うことのなかった人たちとの出会いや、ゼロから仕事を積み上げていくプロセスに面白さを感じ、毎日が新鮮で充実した日々を送っていたのです。

ところが——。私の人生の分岐点となった1992年の秋。この頃の平安野球部は、

伝統とは名ばかりで、上下関係の規律はなく、練習も熱心にしていないという話も耳にしていました。実際、私も社会人野球で現役を上がってからは、野球部の手伝いに行っていたので状況を何となくは知っていましたが、緊張感がないばかりか、どこかクラブ活動の延長のような感じで野球に取り組んでいた印象が強いものでした。

実際、当時の平安は強くありませんでした。私が79年3月に平安を卒業してから80年春、90年夏の二度、甲子園に出場していましたが、80年は初戦で上尾に敗退、90年は3回戦で丸亀に延長戦で敗退に終わりました。さらに91年、92年の夏は京都予選の準々決勝でいずれも北嵯峨に敗れ、今ひとつカラを突き破れない状況でいました。

そうしたなか、当時の平安野球部のOB会長から、

「平安野球部の監督をやってくれへんか?」

というお話をいただきました。けれども私は即座に「無理です」と断りました。当時の私は現役を上がったばかりの身。13年間、野球人として立派に育ててくれた日本新薬に恩返しをするために、「この先は社業に励もう」と決意していた矢先でした。

朝早く自宅を出ては、夜遅く帰ってくる。慣れない仕事に苦労した面もありましたが、取引先となる病院の先生方にようやく顔と名前を覚えてもらいだしたときでもあ

りましたので、苦労と同時に仕事の面白さややりがいにも目覚め始めた時期でもありました。

一方、平安野球部の監督と言えば――。「最悪」「最低」という言葉以外、浮かんでこないほど損な役回りだと考えていました。なにせ3年、4年と甲子園に出場できないでいると、即座に「お前はクビ。はい、次の人」と監督をすげ替えることなど当たり前。とても不安定な職業であると私の目には映っていましたし、日本新薬で社業に励んで給料をいただいていたほうが、よっぽど安定した生活を送れるに違いない――。そう考えていたのです。

ただ、当時の京都の高校野球は、宇治や立命館、東山、府立の北嵯峨と、群雄割拠の時代となっていたのですが、そうした状況を作り出したのは、他ならぬ平安の低迷が原因だとも考えていました。このことは私だけでなく、他の多くの野球部OBも同様のことを考えていました。それだけに平安の再建もどうにかしないといけない……そんなことも脳裏によぎっていたのです。

一度監督要請の話を断り、社業に専念しよう――。そう思っていたところ、ほどなくして、再びOB会長から、「なんとか野球部の監督をやってくれへんか？」と言われました。さすがに即座にお断りするのは失礼だと思い、同期の仲間に思い切って相談してみると、意外な答えが返ってきたのです。

「やってみぃや」

私は「そんなん、やめとけ」と言われると思っていたので、彼らの答えに驚いたのですが、「どうして？」と聞くと、こんな答えが返ってきたのです。

「野球に恩返しする、いい機会やないか」

思ってもいない言葉でしたが、私に妙に突き刺さるところがありました。

野球があったからこそ、平安に進学して、日本新薬という上場企業にお世話になることができた――。もし私が野球をやっていなければ、私の頭ではとてもじゃありませんが、日本新薬に入社するなんて絶対に無理です。そう考えていくと、野球に恩返しをするために野球部の監督になるのも悪くもない――。少しずつですが、監督要請に対する考え方が変わってきたのです。

最後は私を日本新薬に導いていただいた当時の日本新薬野球部監督・西垣一さんのこの言葉が、私の心に刺さりました。

「ええか原田、これは仕事やない。『使命』や。平安野球部をお前さんに託すという使命なんやから、思い切ってやってみい」

もしも「監督として平安野球部を復活させる」というミッションを、「仕事」としてとらえていたら、私には無理だったと思います。たとえ自分にはできないことだったとしても、他の誰かがやればいい——。そんな逃げ道を、心のどこかで作っていたかもしれません。

けれども「自分にしかできない特別な使命」だと考えたらどうでしょう。「このミッションは自分の手でどうにか果たさなければならない」という責任感が湧いてきたのです。自分一人ではどれだけのことができるかわからないが、周囲の人の知恵や手も借りてでも、目の前の事態を打開したい——。

私はそうした考えにいたった結果、平安野球部を引き受けることにしたのです。

目の前の仕事が困難であればあるほど、人は逃げ出したくなるものです。私も平安野球部の監督を要請された当初はそうでした。けれども、困難なことを「使命」だと考えれば、「これは自分にしか果たせないことだ」と考え、どうにかして事態を乗り越えようと真摯に向き合うものです。

あらためて振り返っても、「使命」だと思えたからこそ、私は「平安野球部の監督」という職務を務め続けることができているのだと考えています。みなさんも苦しい事態に直面して、「もう無理だ」とあきらめたり投げやりな気持ちになってしまったときには、発想を転換して「これは私にしか成し遂げられない使命なんだ」と思うようにしてみてください。きっとそれまで乗り越えられなかった壁が乗り越えられるようになるはずです。

おわりに　人生に野球の心を

「人生に野球の心を」

毎年選手が平安を卒業するとき、この言葉をボールに書いてプレゼントしています。野球には必ず勝敗がついてまわってくるものですが、そのプロセスにおいて自立した人間になってほしい。野球の持つ素晴らしさや精神を、次世代の子どもたちに伝えてほしい。この言葉を選手たちに伝えるのは監督である私の使命であって、選手もその使命を受け継いでほしい。そんな意味が込められています。

2020年に新型コロナウイルスの蔓延によって夏の甲子園の中止が決まったあとに、京都府独自の代替大会が開催されることが決まりました。この大会の直前、私は1年生から3年生の部員全員に、Tシャツを作ろうと発案しました。「甲子園出場」という目標がなくなったなかで、「平安を卒業して何年かした後に、何らかの思い出になれば」という思いからプレゼントしたいと考えたのが、その理由です。

私の考えに賛同したのが、現在プロ野球で活躍している平安OBでした。現在楽天でプレーしている炭谷銀仁朗や酒居知史、ヤクルトの高橋奎二らが、「僕たちにも協力させてください」と言ってくれた。とくに炭谷は、「僕が一番プロで長くプレーしている先輩ですから」と言って一番多くの費用を出してくれたことに、私は今でも感謝しています。

「後輩は先輩を立て、先輩は後輩の面倒を見る」というのは私が日頃から選手たちに言い続けていることですが、このような形でサポートしてくれた彼らに対して、あらためて高校野球のよさというものを実感しました。

指導者が選手にしてあげられることは、野球の技術を習得させることだけではありません。良好な人間関係の築き方や、責任の持ち方、ルールを遵守させるなど、グラウンドを離れたところでも教えなければならないことはたくさんあります。そのことを肝に銘じて、私はこれから先も平安ボールパークでノックバットを振って、選手を叱咤激励し続けていきたいと思います。

原田英彦　（はらだ　ひでひこ）
1960年5月19日生まれ。京都府京都市出身。龍谷大学付属平安高等学校硬式野球部第27代監督。子どもの頃から平安野球部に強く憧れ、平安高校に進学。高校時代は足の速さを生かして中堅手として活躍。3年夏の京都予選では3回戦で京都商業に2対6で敗退。甲子園出場の夢を果たせなかった。高校卒業後は社会人野球の日本新薬に進み、都市対抗野球大会に10度出場。1993年8月より平安高校硬式野球部監督に就任。秩序が乱れた野球部再建のため、情熱と信念を持った指導で選手を育て上げ、平安野球部の再興を果たした。1997年には川口知哉（オリックス、現・龍谷大平安コーチ）を擁して第69回選抜高等学校野球大会に17年ぶりに出場、チームを準々決勝進出に導く。同年夏には第79回全国高等学校野球選手権大会に出場して決勝に進出。智弁和歌山に3対6で敗れたものの見事に準優勝を飾り、多くの高校野球ファンに「平安復活」を印象づけた。2014年には髙橋奎二（現・ヤクルト）を擁して第86回選抜高等学校野球大会に出場して決勝に進出。履正社を6対2で下し、学校として初めての春の優勝を飾った。監督として甲子園の通算成績（2023年6月現在）は、春夏通算31勝18敗。春は11回出場して19勝10敗、勝率6割5分5厘、優勝1回（2014年）。夏は8回出場して12勝8敗、勝率6割、準優勝1回（1997年）。主な教え子には、岸本秀樹（広島）、赤松真人（阪神、広島）、今浪隆博（日本ハム、ヤクルト）、炭谷銀仁朗（現・楽天）、髙橋大樹（広島）、酒居知史（現・楽天）、岡田悠希（現・巨人）らがいる。

「情熱《じょうねつ》」の教《おし》え方《かた》

2023年6月20日　初版発行

著　者　原田英彦©H.Harada 2023

発行者　杉本淳一
発行所　株式会社日本実業出版社　東京都新宿区市谷本村町3-29　〒162-0845
編集部　☎03-3268-5651
営業部　☎03-3268-5161　振　替　00170-1-25349
https://www.njg.co.jp/

印刷・製本／リーブルテック

本書のコピー等による無断転載・複製は、著作権法上の例外を除き、禁じられています。
内容についてのお問合せは、ホームページ（https://www.njg.co.jp/contact/）もしくは書面にてお願い致します。落丁・乱丁本は、送料小社負担にて、お取り替え致します。

ISBN 978-4-534-06022-8　Printed in JAPAN

日本実業出版社の本

下記の価格は消費税(10%)を含む金額です。

「一生懸命」の教え方

小倉全由
定価1540円(10%税込)

「一生懸命」というシンプルなメッセージを体現すべく、熱い行動・気持ちを自ら見せることで、子どもたちの心を動かし、成果につなげていく指導法を甲子園常連校・日大三高を率いる名将が教える。

いいところをどんどん伸ばす

前田三夫
定価1540円(10%税込)

全国制覇3回、甲子園通算51勝を誇る希代の名将がはじめて明かす「最大限の力を引き出す最適な努力」。普通の選手を「正しい努力」で成長させて、甲子園に導き、プロ入りさせる方法を包み隠さず公開する。

野村メモ

野村克也
定価1540円(10%税込)

ノムラ野球の兵法をまとめ大ヒット作となった『野村ノート』。そのノートは50年にわたる球界生活の「伝説のメモ」がもとになっていた。メモ魔の知将・野村克也による「気づき」を「実行」に昇華させる技術。

定価変更の場合はご了承ください。